O QUE SIGNIFICA AMAR?

2ª edição

Tradução
Henrique Elfes

@editoraquadrante
@editoraquadrante
@quadranteeditora
Quadrante

 QUADRANTE

São Paulo
2023

Título original
Comprender el amor... tras las huellas de Aristóteles

Copyright © 2006 do Autor

Capa
Provazi Design

Dados Internacionais de Catalogação na Publicação (CIP)

Melendo, Tomás
  O que significa amar? / Tomás Melendo; tradução de Henrique
Elfes — 2ª ed. — São Paulo : Quadrante, 2023.

  ISBN: 978-85-7465-500-0

  1. Amor 2. Amor - Filosofia 3. Vida cristã I. Título
                                                    CDD-248.4

Índice para catálogo sistemático:
1. Amor 2. Amor - Filosofia 3. Vida cristã 248.4

Todos os direitos reservados a
QUADRANTE EDITORA
Rua Bernardo da Veiga, 47 - Tel.: 3873-2270
CEP 01252-020 - São Paulo - SP
www.quadrante.com.br / atendimento@quadrante.com.br

SUMÁRIO

INTRODUÇÃO 5

I. QUERER O BEM PARA OUTRO 9

II. CONFIRMAR NO SER 29

III. DESEJOS DE PLENITUDE 65

IV. ENTREGA 101

INTRODUÇÃO

"Enganar-se a respeito do amor é a perda mais terrível; é um dano eterno, para o qual não há compensação nem no tempo nem na eternidade!"[1]

Estas palavras de Kierkegaard, escritas há mais de um século e meio, continuam plenamente atuais; mais ainda, parecem-nos hoje mais próximas e sugestivas do que no momento em que foram escritas. Porque observamos atualmente uma infinidade de *erros* e *fracassos* no amor: infidelidades e faltas de lealdade entre esposos, namorados, amigos, colegas, vizinhos, companheiros...; penosas situações

---

(1) Kierkegaard, Søren, *Os atos do amor*; cit. pela tradução italiana de Cornelio Fabro, *Gli atti del amore*, Rusconi, Milão, 1984, pág. 148.

de tolerância mútua, divórcios, separações...; abandono dos pais ou avós em lugares onde "serão mais bem cuidados do que lá em casa", indiferença dos filhos para com os pais e vice-versa... Aliás — e isso é mais decisivo ainda —, nos nossos dias parece ter-se perdido o próprio *sentido do amor*, o seu significado mais alto e mais autêntico.

Já não sabemos o que significa amar. A própria palavra foi desvirtuada, se não prostituída. Nos nossos dias, o vocábulo "amor" designa com frequência uma espécie de sentimentalismo ou emotivismo difuso e mole, incapaz de satisfazer sequer os nobres anseios de um adolescente. Ou então remete para a pura biologia, como na envilecida e malfadada frase "fazer amor"..., tão distante do seu significado original de conquistar uma pessoa ou de fazer-lhe nobremente a corte, ou ainda desse outro, maravilhoso e mais profundo, de marido e mulher edificarem juntos, e diariamente, o amor de toda uma vida.

Semelhante esquecimento do significado do amor representa sem dúvida um dos males de fundo da nossa cultura. Por isso, se aspiramos a construir uma "civilização do amor", como nos têm sugerido os Papas João Paulo II e Bento XVI, temos de começar por uma elevação das qualidades humanas da sociedade; temos de aprender, na teoria e na prática, nós mesmos e cada um dos que nos cercam, o que significa *amar*.

Todos deveremos ter claro que, longe de esfumar-se nesses eflúvios sentimentaloides a que antes me referia, longe de consistir apenas numa função de pura fisiologia ou até de mera "química" — coisas que sem dúvida intervêm com frequência —, longe de reduzir-se a um simples estímulo para o prazer ou a autorrealização egocêntrica — numa espécie de "egoísmo a dois" compartilhado apenas aparentemente —, o amor consiste essencial, embora não exclusivamente, num *ato da vontade*, firme e estável, que imprime uma fecunda tensão à pessoa inteira e que permite descobrir, escolher, procurar e realizar o bem do ser amado.

I. QUERER O BEM PARA OUTRO

Para começarmos a desenredar o magno e assombroso mistério do amor, podemos recorrer à singela descrição que Aristóteles faz dele na sua *Retórica*. Diz-nos o filósofo grego que amar é "querer o bem do outro enquanto outro".

São, pois, três os elementos que compõem a realidade que nos propomos estudar:

a) *querer*;
b) o *bem*;
c) do *outro* enquanto outro.

Um breve comentário de cada um destes componentes nos situará na estrada adequada para começarmos a compreender a natureza do amor.

1. Querer

a) A vontade... e algo mais

Quando Aristóteles descreve o amor como "querer", tenta deixar claro que o nervo ou a coluna vertebral de toda a ação amorosa tem a sua base na vontade. Mas nós sabemos que o amor não se esgota nisso; que, em sentido forte e profundo, amamos com toda a nossa pessoa. O amor abrange:

— desde os atos mais transcendentes, como a oração e o sacrifício pelo ser amado, ou como o projeto conjunto e progressivo daquilo que virá a ser a vida conjugal e familiar,

— passando pelos sentimentos e afetos nos quais ressoa e se exterioriza o nosso carinho,

— até as questões aparentemente mais ínfimas e intranscendentes, como o empenho por mostrar-se elegante e atrativo (ele! e ela, ela e ele!); o esforço por sorrir com amabilidade; a carícia ou o olhar de carinho, mesmo nos momentos de cansaço ou nervosismo ou desalento; ou ainda os pequenos detalhes que tornam mais saborosos e entranháveis a volta ao lar e o descanso em família, que iluminam a existência cotidiana com brilhos fulgurantes de entrega, que encarnam e dão vida à íntima e escondida dedicação dos pais a cada filho ou dos irmãos e amigos entre si.

Amamos, pois, com tudo o que somos, sabemos, sentimos, podemos, fazemos, temos e desejamos (e, portanto, também com os nossos ideais!). Absolutamente tudo. Neste sentido, amar consiste em derramar o nosso ser inteiro no apoio e na promoção do ser querido.

Mas a amplitude do amor é tão vasta e impossível de abarcar que esse repertório quase infinito de ações — a palavra ou o silêncio compreensivos, o trabalho intenso ou a generosa disponibilidade para os filhos ou amigos quando andamos muito escassos de tempo, o cuidado da própria aparência ou da casa, com minúcias frequentemente quase imperceptíveis, mas sempre indispensáveis... — só se transforma em amor pleno, sincero e provado na medida em que todas essas atividades sejam "pilotadas" por uma operação da vontade (o *querer*), e estejam como que envolvidas ou "imersas" nesse querer que procura de maneira nobre, franca e resoluta o bem da pessoa a quem se estima.

Amar, querer: estamos diante de palavras e realidades-chave. Pois o amor não se esgota nas disjuntivas "gosto" ou "não gosto", "agrada-me" ou "desagrada-me", nem se identifica com o puro e simples "atrai-me", "interessa-me", "apaixona-me"... com que tantos dos nossos contemporâneos, jovens e não tão jovens, pretendem justificar o seu comportamento. No fim das contas, se considerarmos isoladamente cada um desses verbos e os absolutizarmos, veremos que acabam por revelar-se mais próprios dos animais do que do homem.

Com efeito, os animais movem-se por atração-repulsão, por instintos; buscam o seu bem, estreito, puntiforme e exclusivo, de uma maneira quase automática. Gostam daquilo que os beneficia a eles ou à sua espécie, e rejeitam aquilo que lhes é daninho. São Tomás de Aquino descrevia assim essa realidade: *magis aguntur quam agunt*, "mais do que mover-se, são movidos" pelo objeto externo que os atrai ou repele; mais do que agir por iniciativa própria, são "levados a agir".

Já o homem, não. O homem transcende as simples necessidades biológicas, e é capaz de realizar ações que não se explicam de maneira nenhuma pelo mero impulso da sua conservação física. Para dizê-lo de algum modo, o homem pode pôr entre parênteses os seus instintos (melhor seria dizer as suas tendências), e querer e realizar uma ação boa em si mesma, por mais que ela não o atraia pessoalmente, por mais que não lhe agrade nem desperte o seu interesse... e até lhe desagrade e repugne; ou, em sentido contrário, pode não querê-la nem levá-la a cabo mesmo que esteja "morrendo" de desejo de realizá-la, se perceber que esse ato não contribui para o bem dos outros.

Uma das realidades que manifestam de maneira mais clara a superioridade do homem sobre o animal — e que os distancia infinitamente um do outro, segundo Pascal — é que, deixando de lado os seus gostos e apetites quando as circunstâncias o exigem, o ser humano é capaz de conjugar em primeira pessoa o *eu quero* ou, se for o caso, o *não quero*, dotado às vezes de muito maior importância antropológica e ética.

É o que diz também Julián Marías: "Quando nego que o amor seja um sentimento — identificá-los parece-me um grave erro, e talvez o mais difundido —, não nego a enorme importância que têm os sentimentos, incluídos os amorosos, que acompanham o amor e formam como que o séquito da sua realidade central; esta, porém, pertence a níveis mais profundos"[1] da pessoa: os da vontade.

Também São Josemaria Escrivá comentou amplamente essa realidade, com diversos desdobramentos que não é possível comentar aqui. Num dos seus textos mais significativos, depois de deixar claro que o amor "não se confunde com uma atitude sentimental"[2], pergunta-se diretamente em que consiste o amor humano. E responde: "A Sagrada Escritura fala-nos de *dilectio* — dileção —, para que se compreenda bem que não se refere apenas ao afeto sensível. Exprime antes uma determinação firme, da vontade. *Dilectio* deriva de *electio,* escolha. Eu acrescentaria que amar, em linguagem cristã, significa *querer querer...*"[3]

---

(1) Julián Marías, *La educación sentimental*, Alianza Editorial, Madri, 1992, pág. 26.

(2) São Josemaria Escrivá, *Amigos de Deus*, Quadrante, São Paulo, 2000, n. 230.

(3) São Josemaria Escrivá, *Amigos de Deus*, n. 231.

b) Querer querer

Portanto, podemos distinguir três degraus que nos permitem alcançar a substância mais pura do amor:

— Em primeiro lugar, é preciso negar que se trate de um simples sentimento, de um afeto sensível, embora não devamos excluir em nenhum caso a presença desses afetos.

— A seguir, precisamos ressaltar o seu caráter eminentemente ativo, qualificando-o como *determinação firme da vontade*.

— Por fim, devemos potenciar essa índole ativa por meio daquilo a que chamei por vezes "a maior prerrogativa do ser humano do ponto de vista operativo": a *reflexividade* da vontade, capaz de libertar energias volitivas praticamente infinitas.

Na citação de São Josemaria Escrivá feita acima, fala-se de "querer querer", mas o autor comenta em outras passagens que a possibilidade de reduplicação não é apenas uma: também podemos "querer

querer querer", e "querer querer querer querer"..., e assim até alcançar o objetivo desejado[4].

Amar: querer, querer querer... O homem ultrapassa infinitamente o animal precisamente mediante esse querer por meio do qual supera e excede os meros desejos, paixões e afetos: pode suscitá-los, reforçá-los ou contrariá-los segundo lhe parece conveniente. Amar é, pois, um ato refinadamente humano, talvez o mais

---

(4) No texto que citei, não deveria passar despercebido que o *querer querer* é qualificado como amor "em linguagem cristã". Entre as diversas interpretações que se poderiam dar a essas palavras, gostaria de sugerir duas, que não são de forma alguma incompatíveis entre si: a) esse "querer querer" — o autor fala em outras ocasiões de "desejos de ter desejos" — manifesta por um lado a absoluta impotência da criatura, sobretudo depois do pecado original, que por isso chama em sua ajuda o Deus que tudo pode; b) simultaneamente, a elevação à ordem da graça multiplica o vigor e a capacidade de agir que a vontade teria no âmbito natural meramente natural..., mas do modo que lhe é próprio; ou seja, incrementando ou pondo em jogo a sua reflexividade, o "querer querer".

humano de todos. É um ato livre e, portanto, inteligente: sapientíssimo; decidido, audaz e vibrante, fonte de iniciativas criadoras, e por isso mesmo libertador e surpreendente, e por vezes esmagador, muitas vezes custoso, sempre desprendido, generoso, altruísta, liberal...

2. Querer "o bem"

a) Ensinar e facilitar o amor

O segundo elemento que define o amor, "querer o bem", parece ser o mais evidente e o que menos problemas levanta, tanto teóricos como práticos: ninguém duvida, em princípio, de que uma mãe ou um pai de família normais queiram o melhor para os seus filhos. No entanto, quando esses pais tentam determinar concretamente o que convém a um filho em determinadas circunstâncias particulares, a questão já se torna mais complicada. Que é realmente o *bem* para esse filho, aqui e agora?

Mais adiante estudaremos detidamente esta questão. Por agora, basta apontar dois requisitos concatenados na procura e no oferecimento do autêntico bem:

— Em primeiro lugar, que esse bem seja o *bem do beneficiado*, e não — através de um autoengano mais ou menos consciente e hoje bastante difundido — o bem do benfeitor. No caso da mãe ou do pai do nosso exemplo, ao darem um presente ou um prêmio ao filho ou à filha, talvez procurem na realidade, mais do que favorecê-los, serem eles deixados em paz, evitar um confronto, poupar desgostos a si mesmos, projetar a sua própria vida na vida dos filhos, ou outras vantagens desse estilo.

— Em segundo lugar, e quase como corolário ou explicitação do item anterior: quando amamos alguém, o que é necessário é que o bem que lhe oferecemos seja um *bem real, objetivo*; ou seja, algo que o *torne melhor*, que faça do ser amado uma pessoa mais cabal, mais completa, mais plena e perfeita; algo que o aproxime de uma maneira ou de outra do seu destino final, que é amar os outros e a Deus e ser por eles amado.

Em última e definitiva instância, devemos, pois, procurar que a pessoa que amamos aprenda a amar de maneira mais sincera, profunda, intensa e eficaz, através e por meio das nossas intervenções e dádivas. (E não esqueçamos que entre essas dádivas, ocupa um lugar principal o esforço da nossa inteligência por conhecer essa pessoa a fundo e descobrir o que mais lhe convém.) Estabelece-se assim uma espécie de "círculo virtuoso", graças ao qual, quando alguém ama de verdade outra pessoa, tem de procurar por todos os meios que esta, por sua vez, saiba amar mais e melhor.

Podemos dizer, portanto, mesmo que à primeira vista possa parecer estranho ou até contraditório, que no fim das contas, amar equivale a *ensinar a amar* e — acrescento agora — a *facilitar o amor*, a *fazer-nos amar*.

Por isso, o melhor modo de o marido amar a esposa (e vice-versa) é ser muito *amável* com ela, no sentido mais certeiro e penetrante da palavra: no fim das contas, é facilitar ao cônjuge a tarefa de amar-nos;

é tornar-lhe simples e agradável o amor por nós, receber sem entraves o seu carinho, não levantar barreiras que impeçam a sua entrega, os seus definitivos desejos de unir-se a nós.

Por exemplo, à hora da reconciliação depois de uma pequena briga, é não insistirmos na nossa posição, mas sair abertamente ao encontro do outro, tornar-nos acessíveis e bem dispostos para que volte a depositar em nós o seu afeto, e corresponder com a mesma delicadeza... ou, melhor ainda, adiantarmo-nos nós, pedindo-lhe perdão[5].

O mesmo acontece na convivência diária com os outros membros da família e os restantes amigos e conhecidos. Em todas essas circunstâncias, facilitamos o amor quando nos mostramos francos, próximos e disponíveis. Isto costuma equivaler a

---

(5) Permito-me remeter, nesta matéria, a Tomás Melendo, *Un seguro de vida para el matrimonio*, em *Escritos Arvo*, ano XXIII, n. 237, set. 2003, e id., *San Josemaría Escrivá y la familia*, Rialp, Madri, 2003, págs. 85-95.

estarmos pendentes dos outros ou, o que é quase a mesma coisa, a não nos fazermos ásperos, esquivos, distantes... por estarmos encerrados nos nossos próprios problemas e ocupações ou entrincheirados nos orgulhosos direitos do "eu": no "meu... enquanto meu".

De maneira um tanto negativa, e com o dramatismo tão próprio do seu estilo, o poeta Gustavo Bécquer dizia:

Assomava aos seus olhos uma lágrima
e aos meus lábios uma frase de perdão;
falou o orgulho e secou o seu pranto,
e a frase nos meus lábios expirou.

Eu vou por um caminho, ela por outro;
mas, ao pensar no nosso mútuo amor,
ainda digo: "Por que calei naquele dia?",
e ela dirá: "Por que não chorei eu?"[6]

E de forma mais positiva, com palavras à primeira vista um tanto complicadas, mas muito sugestivas se forem lidas

---

(6) Gustavo Adolfo Bécquer, *Rimas*, XXX.

com vagar, o filósofo Jean Guitton afirma: "O que o amor tem de admirável é que o serviço que prestamos a nós mesmos ao amar, também o prestamos ao outro amando-o; mais ainda, prestamo-lo pela segunda vez deixando-nos amar"[7].

b) A bússola de todo o ato educativo

Ser amável — *facilitar o amor* — como *modo sublime e supremo de amar*: esta é, sem dúvida, uma conclusão reveladora. E caberia acrescentar-lhe outra não menos relevante, afirmando sem perigo e sem receio de sermos considerados ingênuos que o fim de toda a educação consiste em *ensinar a pessoa que formamos a amar*, em fazer dela alguém mais enérgica e decididamente interessado no bem dos outros do que no seu próprio.

Por isso, em todas as tarefas educativas ou de orientação familiar ou profissional, à hora de tomarmos ou sugerirmos

---

(7) Jean Guitton, *Ensayo sobre el amor humano*, Ed. Sudamericana, Buenos Aires, 1968, pág. 74.

uma decisão mais ou menos complexa, a pergunta a ser feita por nós como educadores será: "Isto que vou sugerir ou proibir ao meu filho ou ao meu aluno, o modo como pretendo fazê-lo, o grau de liberdade que lhe concederei para divergir da minha opinião ou, pelo menos, manifestar a sua..., tudo isso ajudará essa pessoa a amar mais e melhor os outros, ou, pelo contrário, a levará a encerrar--se em si mesma, no seu «bem» míope e egoísta?"

A resposta a esta pergunta — que nunca poderemos encontrar sem um esforço perspicaz e comprometido de todas as nossas capacidades de conhecimento teórico e sem recorrer à nossa experiência de vida — indicará, praticamente na totalidade das vezes, qual a decisão que deveremos tomar.

Pode acontecer, por exemplo, que uns pais tenham sérias dúvidas sobre se é conveniente ou não enviar a filha adolescente à Inglaterra ou aos Estados Unidos a fim de aperfeiçoar os seus conhecimentos de inglês. Por um lado, há hoje em dia a imperiosa necessidade de conhecer esse idioma; por outro, estão os perigos às vezes notáveis da solidão, da desadaptação e da desorientação que uma estadia fora de casa poderia provocar, sobretudo nessa idade. Mas estes aspectos negativos podem ter por sua vez alguns efeitos positivos, na medida em que contribuam para o amadurecimento da jovem.

Na realidade, porém, a questão decisiva é outra. O essencial é que formulemos a pergunta-chave: na situação anímica e de maturidade em que se encontra a minha filha, a estadia no estrangeiro por um certo tempo poderá ajudá-la a amadurecer, a crescer em capacidade de amar, ou, pelo contrário, poderá introduzir no seu desenvolvimento uma deformação que atrase por muitos anos o seu crescimento como pessoa? *Esta* é que é a "pergunta do milhão", e é a ela que os pais devem responder antes de tomarem qualquer decisão a esse respeito; e para isso é preciso que lancem mão de todos os recursos da sua inteligência potenciada pelo carinho, e peçam conselho a pessoas que considerem sensatas e bem informadas sobre o tema.

3. Querer o bem do outro... enquanto outro

É na reduplicação "o *outro*... enquanto *outro*" que está a chave do amor genuíno. Com efeito, amar, na sua concepção mais nobre e certeira, é procurar o bem do outro não por mim, mas por ele.

Por ele, isto é, não pelos benefícios mais ou menos materiais que uma amizade — por exemplo — poderia proporcionar-me: desde melhorar as minhas avaliações de desempenho na empresa, até introduzir-me num âmbito social que favoreceria o meu progresso ou me ofereceria a oportunidade de conseguir um bom trabalho para um filho ou um conhecido...

Também não há de ser pela satisfação, pelos efeitos secundários, saborosíssimos mas muito pouco saboreados hoje em dia, que o relacionamento com os autênticos amigos nos traz. Nem sequer porque é assim e só assim, valorizando a qualidade dos meus amores, que me torno uma pessoa melhor, dou maior consistência às minhas virtudes humanas e me aproximo da perfeição e da felicidade... Nem sequer por isso, embora estes aspectos não devam ser rejeitados: seria inumano; o que não devem é ser propostos como fim expresso e primordial.

Trata-se, pois, de amar o "outro" unicamente pelo "outro", por ser aquele a quem amamos. E a razão disto é muito clara: porque é *pessoa* e, só por esse motivo, merecedor de amor. Ou então, se preferirmos — pois dá no mesmo —, porque Deus o destinou a manter com Ele um colóquio de afeto apaixonado por toda a eternidade, entregando-lhe, justamente através de um amor recíproco e inteligente, o mais imenso dos bens: Ele mesmo. E quem sou eu para pôr em dúvida os planos do próprio Deus?

II. CONFIRMAR NO SER

Dizíamos antes que o núcleo deste ensaio consistiria em esclarecer a seguinte pergunta: "Qual deve ser o bem querido e procurado para o ser amado?", "Como se concretiza, em última análise, o amor ao outro?"

No momento de começarmos a responder, dois caminhos se abrem diante de nós: o da análise e o da síntese.

Se enveredarmos pelo primeiro, o da descrição fotográfica e pormenorizada dos benefícios que devemos prestar aos seres amados, a senda torna-se infinita. Afinal, devo tentar proporcionar às pessoas que estimo, na medida em que esteja ao meu alcance, todos os bens que lhes aproveitem. Mas, neste caso, a minha tarefa torna-se interminável, pois o número desses bens não tem limite.

Com efeito, que razão teria eu para não oferecer um bem à minha mulher, aos meus filhos, aos meus amigos mais íntimos, aos meus vizinhos, até aos meus simples conhecidos... sempre que contribua de alguma forma para a sua melhora ou aperfeiçoamento? Assim, enveredar por esse caminho introduz-nos num beco, não sem saída, mas sem fim: naquilo a que os clássicos davam o nome de *aporia*.

Experimentemos, pois, a outra via, a da síntese. E então veremos que a questão se simplifica. Poderemos afirmar que todos os bens do ser querido se reduzem, no fim das contas, a dois: que essa pessoa *seja*, isto é, que exista, e que *seja boa*, que vá alcançando a sua plenitude como pessoa, a sua perfeição (e, com ela, aquilo a que hoje chamamos *realização* ou *felicidade*). Tudo o que poderíamos desejar de autenticamente benéfico para alguém encontra-se englobado nesses dois propósitos capitais.

1. Querer que a pessoa seja

a) Dizer que "sim"

Como já vimos de passagem, amar uma pessoa é, na sua substância mais íntima, confirmá-la no ser, dizer "sim" à sua existência, não apenas com as palavras, mas sobretudo com a vida inteira.

Amar é apoiar com todo o nosso ser o ser da pessoa a quem amamos: derramar nela tudo o que somos, sentimos, podemos, desejamos e temos, a fim de que se expanda e desenvolva até atingir o cume da sua perfeição.

O tema é antigo, vem ao menos da época de Aristóteles. Nos nossos tempos, talvez tenha sido Josef Pieper quem o expôs com mais precisão: quando nos enamoramos — ou continuamos mais e mais enamorados, pois este é o destino do casamento —, a primeira coisa que surge em nós são sentimentos deste tipo: "É maravilhoso que você exista!", "Eu quero, com todas as forças da minha alma, que você exista!", "Que maravilha, que alegria, que acerto, que você tenha sido criada ou criado!"[1]

Deste ponto de vista, amar consiste em última análise, quer tenhamos consciência disso ou não, em "aplaudir a Deus", em dizer-lhe: "Neste rapaz — ou nesta moça —, sim, Vós acertastes a mão!", "Agora sim demonstrastes do que sois capaz"; "Muito bem, parabéns, bravo!" É o que Bécquer eternizou, com palavras mais cultas, no seu verso: "Hoje a vi, vi-a e me olhou: hoje creio em Deus!"[2]

Essa "confirmação no ser" gerada pelo amor não é uma mera veleidade, uma espécie de desejo inconsistente: muito pelo

---

(1) Há alguns anos, um *outdoor* publicitário trazia, por ocasião do dia dos namorados, a foto de uma moça ou de um rapaz e a frase: "Se você não existisse, teria de ser inventada/o" (N. do T.).

(2) Por isso, o amor, quando é verdadeiro, sempre aproxima de Deus, mesmo que a pessoa não tenha consciência disso, ou sequer da existência do Amor infinito: Deus sempre infunde alento, e isso é o que importa em última análise, mesmo que a pessoa O desconheça.

contrário, tal como sucede no ato criador, o amor entre seres humanos tem como principal efeito tornar "realmente real" (para quem ama) a pessoa querida, conseguir que "exista de verdade" — ao menos para mim.

Esta afirmação talvez possa parecer-nos um tanto abstrusa à primeira vista, mas não é difícil ilustrá-la mediante um exemplo: muitos de nós, quando damos um passeio ou fazemos uma viagem, quando nos deslocamos de um lugar para outro ou vamos a um espetáculo ou a uma reunião, cruzamos com centenas e até milhares de pessoas das quais depois não saberemos dizer nada, que nem seremos capazes de reconhecer mais tarde, e que não exerceram nem exercerão influência alguma sobre o nosso comportamento: nenhuma delas existe para nós.

Pelo contrário, quando entro em casa ou no meu lugar de trabalho, quando me reúno com um grupo de amigos a quem — esses sim! — aprecio, todos existem para mim, despertam sentimentos e reflexões, solicitam a minha atenção, modificam a minha conduta..., o que é a manifestação mais clara da sua presença real e consequente diante mim. Noutras palavras, levam-me a ter detalhes de comportamento materiais e espirituais que tornem mais alegres e fecundas as suas vidas... Ou seja, esses, sim, eu os percebo como reais.

A ideia foi muito bem expressa por Juan Ramón Jiménez, numas palavras que não só compõem um insigne canto à dignidade de qualquer existência humana, mas constituem uma grandiosa exaltação da maternidade:

"Sempre que voltávamos pela rua de São José — lê-se em *Platero y yo* —, estava o menino deficiente à porta da sua casa, sentado na sua cadeirinha, olhando os outros passarem. Era uma dessas pobres crianças que nunca recebem o dom da palavra nem o presente da graça; ela mesma uma criança alegre, mas triste de se ver; toda para a sua mãe, nada para os outros"[3].

Estas últimas palavras sublinham a realidade colossal de que, para uma mulher — como para qualquer pessoa que ame de verdade —, o filho, esposo, irmão ou amigo constitui efetivamente o seu *todo*, aquilo que confere valor ao resto do universo e o faz ser. Mas esse todo não é exclusivo: *cada um* dos seres que estimamos intimamente, com toda a força do nosso afeto e sem que haja contradição alguma nisso, representa o *todo* para nós.

Confirmar no ser, portanto: fazer da pessoa querida alguém realmente real. Esta verdade torna-se mais clara se observarmos a realidade pelo seu reverso. O contrário do amor, que está unido à vida, são a indiferença e o ódio — no seu sentido mais sóbrio e intelectual, e menos emotivo e visceral —, que estão unidos à morte.

---

(3) Juan Ramón Jiménez, *Platero y yo*, Taurus, Madri, 4ª ed., 1967, pág. 36.

Quando alguém não só não ama, mas odeia, e odeia a sério, o que pretende em última análise e com maior ou menor consciência é *eliminar o ser* do não-querido:

— quer *suprimi-lo enquanto outro*, valorizando-o apenas na medida em que serve aos *próprios* gostos, paixões ou interesses,. configurando-o — na certeira expressão de Delibes — como uma "prótese do próprio eu", como um apêndice do seu egoísmo; ou então

— quer *anulá-lo de forma radical*, lançando-o para fora da existência ou impedindo-o de entrar no banquete da vida (eutanásia, aborto, anticoncepcionais, terrorismo, genocídios, fobias racistas ou de qualquer outro tipo, violência em geral...).

E quando é uma civilização inteira que, por um egocentrismo excessivo e às vezes neurótico, se encontra de algum modo dominada pelo desamor, não nos deve estranhar que dê à luz uma cultura do desinteresse, do egoísmo, e, se me obrigarem a ser totalmente explícito, uma autêntica *cultura da morte*, como aliás a Igreja nos vem recordando com frequência.

b) Dizê-lo de maneira absoluta

Mas, para voltarmos a temas mais positivos, o amor provado, indiscutível, não só confirma ou corrobora no ser aquele a quem se dirige, mas o faz com tal franqueza e radicalidade que o ser amado passa a ser imprescindível para tudo, desde as coisas mais pequenas e aparentemente intranscendentes até o conjunto do universo (também neste sentido é o nosso "todo")[4].

Ortega y Gasset expôs este aspecto com mestria, no parágrafo que reproduzimos a seguir dos seus *Estudios sobre el amor*: "Amar uma pessoa é estar empenhado em que exista; não admitir, na medida em que

---

(4) O que não implica, é evidente, uma dependência psíquica doentia, como às vezes se tende a pensar.

de nós dependa, a possibilidade de um universo do qual essa pessoa esteja ausente"[5].

Em função disso, poderíamos formular uma questão prática de enorme abertura existencial. Poderíamos perguntar sobretudo aos esposos (e, de certa forma, também aos noivos): "Você é capaz de conceber a sua vida sem o seu cônjuge? Você consegue imaginar-se vivendo com relativa normalidade se ele ou ela vierem a faltar?"

Não se trata de que você não consiga refazer-se, com a ajuda de Deus e das restantes pessoas que lhe querem bem e lhe dão consolo, se por infelicidade vier a perder o marido ou a mulher; mas de que agora mesmo, neste preciso instante, você se sinta capaz de continuar a viver sem aquele a quem diz amar com loucura, que consiga imaginar-se sem ele. Se você responder que sim, que conseguiria, talvez

---

(5) José Ortega y Gasset, *Estudios sobre el amor*, Revista de Occidente, Alianza Editorial, Madri, 2ª ed., 1981, pág. 20.

seja o caso de suspeitar que o seu amor ainda não amadureceu tanto quanto seria de desejar.

A este respeito, contava-me emocionado um amigo já passado da meia-idade: "Depois de muitos anos de convivência e de trabalho duro para levar adiante uma família numerosa sem os recursos suficientes, a minha mãe ficou gravemente doente, e tivemos que levá-la do povoado onde morávamos a uma cidade distante, maior, onde foi operada. Durante a operação, sentado num banco no meio do corredor, vi pela primeira e última vez na minha vida o meu pai — um metro e noventa e mais de cem quilos — chorando desconsoladamente. Tentei mitigar-lhe a dor, mas só o ouvi repetir uma e outra vez, com os lábios trêmulos: «E eu, que vou fazer sem a sua mãe? Que será de mim se ela morrer?»"

Não é um episódio raro. Mas a emoção do meu amigo, décadas depois desse episódio, transmitia-me com uma força incomparavelmente mais viva do que consigo reproduzir aqui a realidade desse amor.

2. Comprovação positiva

Tudo o que vimos estudando pode comprovar-se claramente de duas maneiras: uma afirmativa e outra negativa. Comecemos pela primeira: a comprovação prazerosa.

a) "Quando m'innamoro..."

A confirmação radical do amado no ser dá-se, de forma evidente, na paixão amorosa dos enamorados: quando a pessoa se enamora — ou quando, passados vinte e cinco, trinta ou mais anos de união matrimonial, continua a crescer no seu amor apaixonado —, não só o ser amado lhe parece maravilhoso, excepcional, mas tudo o que o rodeia e tudo o que existe resplandece com uma luz nova, com um brilho, com uns matizes absolutamente desconhecidos fora da condição de apaixonado.

E aqui poderíamos recordar um sem--número de poemas e canções que manifestam intuitivamente o fulgor particular de que se reveste a natureza inteira como consequência da transformação que o enamorado experimenta. Para citar apenas um único caso, vejamos a seguinte afirmação de Lucrécio:

Sem ti nada nasce para a clara luz do dia,

nem há coisa alguma alegre ou amável[6].

Reflitamos sobre este fato.

Há não muito tempo, num trabalho especializado cujo tema era a beleza, cheguei

---

(6) "Nec sine te quidquam divinas in luminas oras / exoritur, neque fit laetum, neque amabilem quidquam". Lucrécio, *De rerum natura*, I, vs. 22-23. Uma tradução mais literal seria: "e sem ti nada emerge para as divinas margens da luz, nem há sem ti no mundo amor ou alegria".

à conclusão de que se podia defini-la como "o ser levado à plenitude e tornado presença". E argumentava, de acordo com a tese clássica na história do Ocidente, que semelhante plenitude exige a integridade; que uma obra (artisticamente) inacabada dificilmente é bela; e que, pelo contrário, o que conhecemos como o "toque de mestre", esse detalhe final próprio do gênio, é capaz de transformar até um trabalho medíocre — por estar inconcluso — num prodígio de formosura.

Pois bem, o ser amado é como o "toque de mestre" genial aplicado ao próprio universo: completa-o, aproxima o mundo de nós e faz com que reverbere com um vigor e uma intensidade, com uns resplendores e lampejos impossíveis até de vislumbrar poucos momentos antes de nos enamorarmos. Quando o amor se apossa de nós, tudo se transfigura e transmuta, ganha em qualidade, manifesta o seu brilho radiante.

Rafael Morales exprime-o com todo o acerto em relação à vida matrimonial:

Eu estava junto de ti. Caladamente
abrasava-se a paisagem no ocaso
e era de fogo o coração do mundo
no silêncio cálido do campo.

Um não sei quê de secreto, surdo, cego,
cumulava-me de amor; eu, ensimesma-
do,
estava pendente de ti, não compreen-
dendo
o profundo mistério dos teus lábios.

Pus a minha boca na sua insistência
pura
com um tremor quase de luz, de pássaro,
e vi a paisagem converter-se em asa
e a minha fronte arder contra o céu alto.

Ai, loucura de amor!, já tudo estava
em voo e em carícia transformado [...].
Tudo era belo, venturoso, aberto [...],
e o ar tornou-se quase humano[7].

---

(7) Rafael Morales, "El corazón y la tierra", em *Obra poética*, Selecciones Austral, Espasa-Calpe, Madri, 1982, pág. 68.

Também são reveladoras estas palavras de Francesco Alberoni, num livro um tanto desigual, como quase todos os desse autor, mas com passagens muito bem feitas: quando o amor se apossa de nós, diz ele, "toda a nossa vida física e sensorial se dilata, faz-se mais intensa; sentimos odores que antes não sentíamos, percebemos cores, luzes que não víamos habitualmente, e também se amplia a nossa vida intelectual porque descobrimos relações que até então considerávamos opacas. Um gesto, um olhar, um movimento da pessoa amada fala-nos até o mais íntimo, fala-nos dela, do seu passado, de quando era um menino ou uma menina; compreendemos os seus sentimentos, compreendemos os nossos. Nos outros e em nós mesmos intuímos de repente aquilo que é sincero e aquilo que não o é, e isso só porque nós nos tornamos sinceros".

Experimentamos então desejos "de estar no corpo do outro, um viver-se e um ser vivido por ele numa fusão corpórea, que se prolonga como ternura pelas fragilidades do amado, pelas suas ingenuidades, defeitos, imperfeições. E então conseguimos amar até uma ferida sua, transfigurada pela doçura"[8].

b) Os defeitos do cônjuge

Não estarão de sobra aqui algumas reflexões sobre esses defeitos do ser amado, e em concreto os do cônjuge.

Meio de brincadeira, meio a sério, afirmava-me um amigo que com os defeitos ocorre uma coisa bastante curiosa:

— Durante a época do namoro, podemos chegar à convicção de que não há imperfeições na pessoa amada (ou, melhor, partir dessa certeza para depois fazer finca-pé nela), não porque essa pessoa faça qualquer tipo de esforço especial para ocultá-las ou mesmo dissimulá-las, mas porque os momentos que passamos juntos são os

---

(8) Francesco Alberoni, *Enamoramiento y amor*, Gedisa, 6ª ed., 1996, pág. 17.

melhores do dia, porque nos encontramos especialmente relaxados e cheios de alegria e, movidos por um carinho autêntico, mostramos ao amado, precisamente para fazê-lo feliz, a nossa face mais amável.

— Mais adiante — continuava com graça esse amigo —, os defeitos aparecem-nos com toda a sua crueza, broncos e pertinazes. E como não os tínhamos percebido nos meses anteriores ao casamento, como nos desconcertam e tendem a desfigurar a imagem um tanto idílica que tínhamos forjado, e como a nós nos parecem tão fáceis e simples de evitar (porque não são *os nossos* defeitos, que, esses sim, nos parecem impossíveis de superar), podemos chegar à conclusão contrária, isto é, que o nosso cônjuge age de propósito dessa forma inconsequente, precisamente para nos magoar[9].

---

(9) Embora no fundo não passe de um lugar-comum, nem por isso deixa de ser verdade que os únicos defeitos que exigem esforço e luta da nossa parte são os *nossos*; estes muitas vezes nos parecem insuperáveis, e

— Mas, com o tempo, sobretudo quando se continua a alimentar o autêntico carinho, as águas voltam ao seu leito ou, melhor, enveredam por caminhos definitivos. Marido e mulher, movidos por um amor de melhor têmpera e mais quilates, lutam efetivamente por evitar tudo aquilo que poderia perturbar a paz e a harmonia familiares. Não mudam radicalmente, porque isso é muito difícil entre seres humanos, mas melhoram: procuram o modo de fazer com que aqueles detalhes de comportamento que não conseguem evitar de todo se tornem menos enervantes para o cônjuge. E esse empenho denodado do nosso cônjuge por agradar-nos, tendo em conta a sua congênita fragilidade, provoca em nós, por sua vez, uma ternura entranhável.

---

facilmente os desculpamos. Já os defeitos dos outros, se não coincidem com os nossos, parecem-nos simplicíssimos de suprimir, e tendemos facilmente a qualificá-los como "manias", "infantilidades" ou, como acabamos de ver, "atitudes especialmente injuriosas e inoportunas utilizadas pelos que nos rodeiam para nos tornar a vida impossível"...

Nessa altura — como acabamos de ver —, é possível amar até as feridas do cônjuge, transformadas pela doçura. E essa nova visão do ser amado, mais realista e muito mais cordial, continua a transfigurar o universo e o conjunto dos acontecimentos da vida dentro e fora do lar, que se nos tornam próximos e familiares *apesar* de estarem afetados por déficits, que acabam por realçar, por contraste, a bondade e a beleza constitutivas de tudo o que existe: são luzes que não podem deixar de projetar também as suas sombras.

c) A nossa própria melhora

Mas não é só aquilo que nos rodeia que se torna mais polido, brilhante e melhor, e muito particularmente a pessoa a quem amamos. O embelezamento é total — ou seja, também nós nos tornamos mais completos.

Uma das verdades mais profundas da antropologia de todos os tempos — e na qual insistem igualmente os melhores dentre os nossos contemporâneos — é que o amor nos aperfeiçoa, nos faz crescer até limites poucas vezes suspeitados. Mais ainda, como costumo repetir a torto e a direito, só o amor inteligente é capaz de levar o homem a melhorar, não apenas em alguns setores — profissão, aptidões, capacidades físicas, imagem... —, mas justamente na medida em que é *pessoa*.

Nas palavras de um excelente psiquiatra contemporâneo:

> O ser humano recebe a sua qualificação definitiva pelo amor: dependendo de como seja o seu amor, ou se realiza na sua plenitude existencial ou se desnatura. A alternativa depende da qualidade e da intensidade do seu amor. É só dando e dando-se que a pessoa vive como pessoa e alcança a plenitude do seu ser livre. Desnatura-se se não quiser amar, se comprimir livremente em si mesma a sua

capacidade de amar, dando origem ao vazio existencial do desamor — da falta de amor — expressamente procurado[10].

O que acabo de mencionar teve diversas manifestações ao longo da história. Como não é possível fazer aqui um desenvolvimento mais amplo, sirva de amostra a seguinte afirmação de Marías com relação ao "amor cortês":

O homem passa a desejar e admirar certas condições na mulher: a gentileza, a compaixão, se for possível o *intelletto d'amore*; mas a mulher passa também a exigir: cortesia, destreza, esforço, coragem, disposição para o sacrifício, a capacidade de dizer coisas belas. É o duplo motor da mútua perfeição, que se desenvolve, enriquece e transforma no

---

(10) Juan Cardona Pescador, *Los miedos del hombre*, Rialp, Madri, 1998, págs. 94-95.

Renascimento, diversificando-se nos estilos nacionais"[11].

A título de resumo da entusiástica confirmação que o amor presta ao ser em tudo o que se relaciona com ele, vejamos mais umas palavras de Rafael Morales. O poeta mostra-nos nestes versos que tudo — homem e mundo —, ao ser tocado pelo nervo alado do amor, desfralda a sua própria energia configuradora, até alcançar, paulatinamente, a sua plenitude final. Diz-nos:

Mas tu não és livre, não o és,
homem sem ninguém, homem que não amas;
estás só na terra: não és nada,
ó prisioneiro de divina ânsia.

---

(11) Julián Marías, *La educación sentimental*, pág. 82. Por isso, quando a mulher se faz demasiado "fácil", quando se entrega sem nada pedir em troca, impede o homem de crescer no esforço por conquistá-la, ou pelo menos não o anima. E o mesmo se pode dizer do homem em relação à mulher.

Enche de amor os teus lábios e a tua fronte
e confunde a tua alma em outra alma,
e todo o cosmos girará contigo,
cheio de dita, como imensa asa[12].

3. Comprovação negativa

a) Amar é dizer: "Não morrerás"

Acabamos de examinar algumas das provas positivas de que efetivamente a principal tarefa do amor é pronunciar um "sim" decisivo diante da pessoa amada, confirmá-la no seu ser, corroborar a ação divina criadora, "recriar" o ser amado. Mas também há manifestações pungentes, dolorosas e até destrutivas dessa realidade. A mais clara é a nossa reação perante a desaparição ou a morte do amado (e, de maneira semelhante, mas de que agora não nos podemos ocupar, o amor não correspondido).

---

(12) Rafael Morales, "Soledad", em *Obra poética*, pág. 70.

Quando falece um ser verdadeiramente querido — marido, esposa, filho, namorado ou namorada, amigo ou amiga bem provados... —, não sentimos apenas a perda dessa pessoa como um autêntico vazio; é todo o universo — antes resplandecente pelo amor — que se torna de repente, ao menos por algum tempo, um autêntico sem-sentido, tedioso, banal, falto de cor, de profundidade e de relevo. Nada do que nos rodeia, nada do que fazemos e que em outras ocasiões nos dava tanta alegria, tem agora razão de ser... Nada! Parece que tudo se desvaneceu com a pessoa que, como nos recorda Agostinho de Hipona, "tínhamos amado... como se nunca houvesse de morrer".

Nessas circunstâncias extremas, a experiência comum não poderia ser mais reveladora. Embora o exemplo a seguir possa parecer um tanto irreverente, cruel e até blasfemo, é profundamente esclarecedor: penso que jamais encontraremos um pai ou uma mãe de cinco filhos que, diante da morte inopinada de um deles, reaja afirmando: "Bem, ao menos ainda me restam 80%". Muito pelo contrário, por mil que tivesse, os filhos vivos não bastariam para compensar o vazio dilacerante deixado por aquele que se foi.

A história e a literatura oferecem-nos uma multidão de testemunhos nessa mesma linha, ao mesmo tempo semelhantes e diversíssimos. Quero dizer que as diversas tentativas de explicar o amor, por mais que sejam diferentes entre si e por mais que se afastem da interpretação que vimos esboçando aqui, estão de acordo nesta propriedade concreta: a falta do ser querido provoca a carência de significado do próprio sujeito, das suas atividades e de tudo e todos os que o cercam.

Entres os clássicos, manifestam-no estes quatro célebres versos de Garcilaso de la Vega:

Lançado está por terra o fundamento
que sustinha o meu cansado viver.
Oh, quanto bem se acaba em um só dia!
Oh, quantas esperanças leva o vento!

b) Uma fratura no ser

De maneira nem sempre expressa, mas impressionantemente eficaz, aqueles que se amam de verdade põem em comunicação o núcleo mais íntimo das suas respectivas realidades, o ato pessoal de ser.

Aquilo que se ama é o *ser* da pessoa querida... a partir do próprio *ser* e juntamente com ele. E o ser de um e do outro, uma vez que se trata de pessoas, se não é propriamente eterno — coisa que é exclusiva de Deus —, é sempre imortal. Pôde-se afirmar, por isso, que o amor interpessoal — o único verdadeiro amor —, ou nasce eterno, ou na realidade não nasceu. E é possível que essa intimíssima dimensão de sempiternidade, junto com a realíssima identificação entre os amantes, explique que a perda do ser querido sugira e até favoreça essa dissolução do nosso ser que é o suicídio.

Nesse desejo que o amante sente pela própria morte manifesta-se, por um lado, a terrível — embora aparente — desilusão de um amor que surgiu para permanecer sempre e ao qual, com a morte do ser querido, *parece* faltar o objeto dos seus desvelos. E também essa solidariedade que existe entre os que se amam, e que os faz querer participar da morte que levou aquele a quem amavam, embora fosse esta a última coisa que a pessoa amada desejaria.

Nada há de estranho, portanto, em que no século passado Simone de Beauvoir — cuja concepção do amor estava situada quase que nas antípodas daquela que desenvolvemos nestas páginas — tenha experimentado algo de semelhante. Quando a amante de Sartre pensou, por engano, que ele tivesse morrido por causa de uma greve de fome, não pôde deixar de exclamar: "Já não havia homens, já não os haveria nunca, e eu não sabia por que sobrevivia absurdamente".

E, num contexto ainda mais afastado do nosso, e agora dentro da narrativa de ficção — o que, de certa forma, é ainda mais representativo da universalidade do sentimento —, Françoise Sagan, com termos um tanto selvagens e quase agressivos, põe estas palavras na boca de um dos seus personagens:

Não penso senão nisto [no tempo e na morte]. Mas quando você está comigo à noite, quando nos aquecemos juntos, então essas coisas não me preocupam. Só então. Pouco me importa morrer; a única coisa que me enche de medo é que você morra. Muito mais importante do que qualquer coisa, do que qualquer ideia, é a sua respiração junto de mim. Estou em vigília como um animal. Assim que você desperta, escondo-me em você, na sua consciência; lanço-me sobre você. Vivo de você[13].

Mas não serão estas palavras expressão de um paganismo desenfreado? Talvez naquilo que a autora pretende afirmar

---

(13) Françoise Sagan, *Les merveilleux nuages*, Presses Pocket, Paris, 1961, pág. 105.

expressamente, mas não naquilo que está por trás dessas asserções. Porque, na verdade, a radical energia que faz com que cada um de nós *seja* provém diretamente de Deus, que nos cria e conserva amorosamente no ser. Mas Ele mesmo quer que essa força primordial também nos seja transmitida através do ser da pessoa amada, que é, no fim das contas, reflexo e participação do infinito Ser divino. Uma vez mais, a absoluta dependência com relação a Deus não elimina, mas fundamenta a real e inequívoca consistência das coisas criadas, de um modo análogo ao da graça, que não suprime a natureza.

Eis por que são duplamente significativas as exclamações de Santo Agostinho que transcrevo a seguir. São reveladoras, por um lado, porque Agostinho não se refere nem à sua mãe, nem ao seu filho, nem à sua amante, mas a um rapaz que foi o seu melhor amigo durante cerca de seis meses, lá pelos anos da adolescência. E, por outro, porque não só foram escritas muitíssimos anos depois da morte daquele rapaz, mas logo depois da conversão do santo, e o incomensurável amor a Deus que Agostinho agora tinha não tornava impuros aos seus olhos os sentimentos de então.

No tom um tanto retórico que o caracteriza, Santo Agostinho recorda:

> Que dor terrível para o meu coração! Tudo o que via ao meu redor era morte para mim: a cidade se me fazia insuportável, a minha casa intolerável, e tudo o que havia compartilhado com ele era para mim, sem ele, um tormento crudelíssimo. Buscava-o por toda a parte e já não estava; cheguei a odiar todas as coisas porque ele já não estava ali, e elas não podiam dizer-me, como antes, quando o via regressar depois de uma ausência: "Aí está ele, aí vem ele..." [...]. Só as lágrimas me eram doces e ocupavam o lugar do meu amigo no conforto do meu espírito [...]. Espantava-me que as pessoas continuassem a viver, quando estava

morto aquele a quem eu tinha amado como se nunca houvesse de morrer; e espantava-me mais ainda que, morto ele, continuasse eu a viver, eu que era outro ele. Bem se exprimiu o poeta Horácio a respeito do seu amigo quando disse que era "a metade da sua alma", pois também eu senti, como Ovídio, que "a minha alma e a sua não eram mais que uma em dois corpos"; e por isso produzia-me tédio o viver, porque não queria viver pela metade, e ao mesmo tempo talvez temesse a minha própria morte, para que não morresse de todo aquele a quem eu tanto amava[14].

Outro testemunho belíssimo, com uma terminologia e uma estrutura mais atuais — transformado também em um filme, *Shadowlands* ["Terra das sombras"] —, foi dado por C.S. Lewis poucas

---

(14) Santo Agostinho, *Confissões*, IV, 4-6, 9-11.

semanas depois do falecimento da sua esposa Helen:

Não é verdade que esteja sempre pensando em H. — anota no seu diário —. O trabalho e a conversação impedem-me de fazê-lo. Mas os momentos em que não penso nela talvez sejam os piores. Porque então, embora tenha esquecido o motivo disso, encontro como que estendida sobre todas as coisas uma vaga sensação de que algo está errado, de que falta algo. É como nesses sonhos em que não acontece nada de terrível — nem sequer alguma coisa que pareça digna de ser contada no café da manhã —, mas nos quais a atmosfera, o sabor do conjunto são mortíferos. O mesmo acontece comigo agora. Vejo as bagas do freixo silvestre começarem a ficar vermelhas e, por uns momentos, não consigo entender por que justamente elas me parecem tão deprimentes. Ouço um relógio dar as horas, e uma certa qualidade que o seu som sempre tinha simplesmente desapareceu. Que há de errado com o mundo para que se tenha tornado tão raso, tão mesquinho, tão desgastado na aparência? E então me lembro[15].

Morrer. Trata-se de um golpe duro, certeiro, que alcança o núcleo mais íntimo da pessoa que ama, ao menos por algum tempo..., mesmo que a pessoa que sofre tenha uma fé sólida e esteja plenamente abandonada em Deus: a graça não suprime a natureza. Embora, sem dúvida, essa fé e esse amor a Deus, juntamente com a confiança na felicidade imperecedoura do ser amado, ajudem enormemente a superar a desolação inicial.

Mais ainda, penso que o vazio provocado pela ausência das pessoas amadas só pode ser eliminado radicalmente, depois

---

(15) C.S. (Clive Staples) Lewis, *A grief observed*, Faber and Faber, Londres e Boston, 1990, pág. 31; trad. port. *Dor*, Grifo, Lisboa, s.d.

da primeira e inevitável pungência, se a pessoa tiver um amor pleno pelo outro enquanto outro..., e, de forma ainda mais clara, por Deus, que engloba em Si, de maneira sublime, todos os amores.

Para além da pessoa do cônjuge que já não se pode amar — afirma Gustave Thibon (embora com uma leve imprecisão, pois quem falece pode continuar a ser objeto do nosso carinho no outro mundo) —, permanece a pessoa de Deus que é Amor, e [assim] aquilo que aborta no tempo pode continuar a crescer na eternidade[16].

---

(16) Gustave Thibon, *La crisis moderna del amor*, Fontanella, Barcelona, 1976, 4ª ed., pág. 120.

III. DESEJOS
DE PLENITUDE

1. A aspiração essencial do amor

a) Amar alguém é querer que melhore

Juntamente com o anelo incondicional de que viva, de que *seja*, o amor exige que a pessoa querida seja boa, que viva *bem*, no melhor dos sentidos em que os clássicos gregos utilizavam esta expressão[1].

Com efeito, o mais sublime compêndio de tudo o que podemos desejar quando estimamos alguém de verdade é que alcance a plenitude a que foi chamado. E isto, em expressão direta e simples, mas ao mesmo

---

(1) Ou seja, não apenas no sentido de que viva rodeada de bem-estar, mas sobretudo de que seja *moralmente boa*, isto é, *plenamente realizada* (N. do T.).

tempo profunda e resoluta, pode ser resumido em poucas palavras: "Que você seja bom!" Mais de uma vez ouvi pessoas de certa idade e de reconhecido prestígio humano comentarem que o melhor conselho moral que tinham recebido ao longo da vida — em alguns casos, apesar dos seus muitos anos de estudo de antropologia e ética — consistia naquilo que as suas avós lhes diziam uma e outra vez, cheias de carinho, quando eles tinham apenas três ou quatro anos: "Meu filho, que você seja bom!"

Aristóteles estaria plenamente de acordo com essas anciãs. Para ele, como aliás repete numa multidão de ocasiões, o verdadeiro amor, a autêntica amizade, deve estar acompanhada do desejo eficaz de que aqueles a quem amamos melhorem. Por isso, o filósofo grego rejeitava como falsa e muito perigosa a amizade entre "homens de má condição, que se associam para coisas baixas e se tornam maus à medida que se fazem semelhantes uns aos outros". "Em contrapartida — acrescentava —, é boa a amizade entre os bons, pois ela os torna melhores à medida que aumenta a convivência, uma vez que se tomam mutuamente por modelo e se corrigem". E insistia: "A amizade perfeita é a dos homens bons e iguais em virtude, porque estes querem um para o outro aquilo que é autenticamente bom"[2].

Poderíamos multiplicar indefinidamente as glosas a estes textos. Por exemplo, seria preciso recordar a muitas mães e muitos pais que toda a razão de ser do seu trabalho educativo está em descobrir e buscar o verdadeiro bem dos filhos, de cada um deles, e não um mero benefício aparente; e, muitíssimo menos, sob o pretexto de amá-los, o "bem" deles mesmos, pais: tranquilidade, liberdade de movimentos, autorrealização, ausência de preocupações...

b) Ser, para o homem, é viver e aperfeiçoar-se

Mas voltemos a centrar o nosso tema, observando que a busca do crescimento e

---

(2) Cit. pela versão de José Ramón Ayllón, *Aristoteles: Eticas*, Altair, Sevilla, 1998, ns. 123 e 129.

da plenitude do ser amado representa na realidade o prolongamento natural daquilo que procurávamos no estádio anterior, ao confirmá-lo no ser. Antes de mais nada, porque o ser do homem não constitui algo inerte e estático, mas tende a desenvolver-se e a levar todos e cada um dos componentes da pessoa ao seu pleno acabamento, à perfeição.

A partir do próprio instante da concepção, a criança recém-gerada põe em movimento a sua capacidade inata de desenvolver-se, multiplicando as suas células e organizando-as de uma maneira que nem o mais avançado dos computadores seria capaz de reproduzir em milhões de anos de processamento. Depois, quando sai do seio materno, tudo continua a estar centrado em crescer e desenvolver-se, tanto biologicamente como nas capacidades mentais, motoras, afetivas. E o resto da sua vida, embora de forma talvez menos visível, consiste em continuar o seu aperfeiçoamento, até alcançar níveis que por vezes seria difícil predizer: pense-se num João Paulo II, numa Teresa de Calcutá ou em qualquer um dos grandes artistas ou cientistas que assombraram o mundo com as suas descobertas.

Isto é natural para o ser humano: não se pode propriamente amar ninguém, confirmá-lo no ser, sem desejar ao mesmo tempo que progrida mais e mais, desenvolvendo dessa forma toda a perfeição que já trazia em si desde o momento em que foi concebida.

Neste sentido, Maurice Nédoncelle afirma que o amor é "uma vontade de promoção". E explica: "O *eu* que ama quer antes de mais nada a existência do *tu*; quer, para dizê-lo de outra maneira, o desenvolvimento do *tu*, e quer que esse desenvolvimento autônomo corresponda harmoniosamente, na medida do possível, ao valor que o *eu* vislumbrou nele"[3].

Com isto, aponta-se uma nova ideia: essa ânsia de promoção e melhora também

_____

(3) Maurice Nédoncelle, *La réciprocité des consciences*, Aubier, Paris, 1942, pág. 319.

não é — tal como a ânsia de confirmar no ser que estudamos antes — uma mera veleidade, um capricho passageiro: amar alguém de verdade traz sempre consigo o desejo de que este cresça em perfeição, um desejo que será proporcional à qualidade, intensidade e capacidade de compreensão do amor que lhe dedicamos. Vejamos como e por quê.

2. O amor é cego?

a) Descobrir a atual riqueza interior do ser amado

Muito longe de ser cego, como diz o ditado popular, o amor *faz ver*: é extremamente clarividente. Não há dúvida de que todos compreendemos bem esse dito e, dentro da sua ótica, estamos de acordo com ele: uma paixão egoísta torna a pessoa cega. Mas isso não é o que de mais verdadeiro ou de mais profundo se pode dizer sobre o amor. Muito mais agudo é sustentar o contrário: longe de turvar a vista da pessoa que ama — tenhamos sempre em conta que estamos falando de um amor real, genuíno, não de uma simples paixão ou capricho —, o amor torna-a mais penetrante e perspicaz, mais sutil e compreensiva.

Trata-se de uma verdade universal, sucintamente expressa por De la Tour-Chambly: "Quando se ama, a natureza deixa de ser um enigma". Mas é especialmente verdade quando falamos de seres humanos. Muitas vezes pretende-se exigir de nós, diante dos outros e dos problemas humanos, uma objetividade e um distanciamento que são contraproducentes; mais ainda, a realidade está no extremo oposto: *é somente o amor comprometido que permite enxergar* as autênticas maravilhas e a excelsa dignidade que qualquer pessoa — qualquer uma! — oculta no mais íntimo do seu ser.

Em consequência, se é sempre pelo menos imprudente julgar um homem ou uma mulher, chega a ser um despropósito quando se trata de calibrar alguém que não se ama muito de verdade. Às vezes, pode ocorrer que os pais, tios, avós... de um adolescente ou de uma jovem opinem precipitadamente, com base apenas em alguns traços isolados e percebidos pela metade, sobre a pessoa que a moça ou o rapaz escolheram como namorada ou namorado: "Mas olha só, logo quem ele/a foi arrumar..."

"Mas que tremendo erro «metafísico»!", gostaria eu de exclamar com um pouco de bom humor. Só quem ama com profundidade é capaz de vislumbrar as riquezas, muitas vezes potenciais, que essa pessoa — como qualquer outra! — guarda no seu interior. "No fundo de todas as almas — escreve Édouard Rod —, há tesouros escondidos que só o amor pode descobrir".

É por isso que só os cônjuges enamorados um do outro são capazes de apreciar quanto vale aquele ou aquela a quem se uniram para a vida toda. Os outros, os que os rodeiam, só os veem de fora; mas os esposos amam-se com autêntica loucura, e essa espécie de frenesi, de êxtase, na medida em que os introduz um no outro, torna-os mais perspicazes e clarividentes. O mesmo acontece com as mães: quando uma delas se compraz em chamar ao seu filho "o seu todo, o seu amor, seu rei, seu céu"..., embora nenhum desses qualificativos lhe pareça aplicar-se ao filho dos vizinhos, não está fantasiando uns atributos que não existem de forma alguma no seu rebento: o que acontece é que o seu amor, lúcido, agudo e sagaz, a faz descobrir uma multidão de perfeições reais (nos dois sentidos do termo: "efetivas" e "régias"...) que passam inteiramente despercebidas a quem não ama.

São muitos os escritores e pensadores que mencionam esta propriedade do amor. Vejamos, dentre eles, apenas o autorizado testemunho de Chesterton: "O amor — assegura-nos — não é cego; não está cegado de forma alguma. O amor está atado, e quanto mais atado, menos cego está"[4].

---

(4) Gilbert Keith Chesterton, *Ortodoxia*, 1908; cit. em *El amor o la fuerza del sino*, antologia feita por Álvaro de Silva, Rialp, Madri, 1993, pág. 47.

"Quanto mais atado...": à medida que se intensificam as amarras positivas que nos ligam a uma pessoa, maior se torna a identificação com ela, imprescindível para que o conhecimento alcance o seu ponto máximo. Conhecer é, de certa forma, estabelecer a identidade entre cognoscente e conhecido, converter-se até certo ponto na realidade que se apreende. No caso da pessoa que ama, isto significa fazer-se um só com o amado, transformar-se nele. Pois bem, como é sabido e como sugeriremos nos parágrafos seguintes, a maior identidade possível entre duas pessoas, a sua maior e mais plena unidade, é a que se realiza pelo amor.

b) Entrever a riqueza futura

Por isso, o amor interpessoal permite enxergar no presente a excelsa magnitude da pessoa amada, ao mesmo tempo que antecipa o seu ideal futuro, aquilo que está chamada a ser. Talvez ninguém o tenha exposto com tanta limpidez e delicadeza como Alice von Hildebrand:

Quando você se enamorou de Michael — escreve nas suas deliciosas *Cartas a uma recém-casada* —, você recebeu um grande dom: o seu amor se desfez das aparências passadas e permitiu-lhe experimentar uma percepção do verdadeiro ser dele, daquilo que ele está chamado a ser no mais profundo sentido da palavra. Você descobriu o seu «nome secreto».

Os que se amam recebem o privilégio especial de ver com inconcebível intensidade a beleza daquele a quem amam, ao passo que os outros veem apenas os seus atos exteriores e, de modo particular, os seus erros. Neste momento, você vê Michael com mais clareza que qualquer outro ser humano. — E a filósofa acrescenta decididamente —: As pessoas costumam dizer que o amor é cego. Que tolice! Como disse antes, não é o amor que é cego, mas o ódio. Só o amor vê.

Quando você se enamorou de Michael, via tanto o que havia de bom como de mau nele, e concluiu com razão que "a bondade que vejo é claramente o seu verdadeiro ser, a pessoa que ele está chamado a ser. Sei que, apesar das faltas que desfiguram a sua personalidade, é basicamente bom". (Ou não era esse o juízo implícito na sua última carta, quando você dizia que Michael, "quando fica furioso, deixa de ser ele"?).

Perceba que o seu juízo não implica apenas um simples reconhecimento das virtudes de Michael, mas também capta as suas fraquezas e imperfeições. Por isso é que eu digo que o amor não é cego; na verdade, aguça a vista. (Deus, que nos ama infinitamente, vê todo o bem que há em nós, mas também cada mancha escura que suja a alma)[5].

Até aqui, a senhora Von Hildebrand. Vale a pena examinar a alusão que faz a

---

(5) Alice von Hildebrand, *Cartas a una recién casada*, Palabra, Madri, 1997, pág. 150.

Deus, pois é ainda mais fecunda do que pareceria à primeira vista. Consideremos em primeiro lugar uma passagem muito semelhante numa das mais conhecidas poesias de Jorge Luis Borges, intitulada *Otro poema de los dones*:

> *Quero dar graças ao divino*
> *labirinto dos efeitos e das causas*
> *[...] pelo amor, que nos faz ver os outros*
> *como os vê a divindade*[6].

Recordemos a seguir um dos mais agudos aforismos de Joubert: "É preciso «ver tudo em Deus» para enxergar que tudo é belo. Porque, para se mostrarem belos, os objetos belos têm de ter o sol por detrás e a luz ao seu redor"[7].

Depois, assim preparados, perguntemo-nos: "Como, ou melhor, onde é que Deus

---

(6) Jorge Luis Borges, "Otro poema de los dones", em *Antología poética 1923-1927*, Alianza/Emecé, Madri, 5ª reimp., 1993, pág. 78.

(7) Joseph Joubert, *Pensamientos*, Eldhasa, Barcelona, 1955, pág. 89, n. 592.

nos vê a cada um de nós?" A resposta tradicional é que nos vê em Si mesmo ou, se preferirmos, a partir de Si mesmo, sob a ótica da bondade que Ele mesmo nos concedeu. Por isso, se é certo que percebe as nossas manchas, os nossos defeitos e pecados, não os conhece em nenhum momento — ao contrário do que acontece conosco — como se *fossem* alguma coisa, mas apenas na sua verdadeira condição de *privações*, de *não-ser* (tal como a cegueira ou a surdez, que não possuem uma realidade positiva, mas representam somente uma carência, uma falta): perfeições que nos faltam.

Daqui se conclui que o que Ele capta primordialmente é o bem que nos deu por participação no seu ser e que mantém e faz crescer continuamente em nós; o resto, o mal, é uma espécie de excrescência ou, melhor, de recorte à sua obra (e, em última análise, como acontece nos exemplos da cegueira e da surdez, *não é* — com entidade positiva —..., embora esteja presente). Por isso pode amar-nos com um querer infinito. (Por isso... e porque quer e sabe perdoar de verdade, até a medula. Poderia fazer aqui uma infinidade de saborosas considerações, mas limitar-me-ei a citar apenas uma, expressa de forma certeira por Étienne Gilson: "O Deus da nossa Igreja não é apenas um juiz que perdoa, é um juiz que pode perdoar porque é, antes de mais nada, um médico que cura"[8]).

Todas estas verdades desembocam e se remansam nestas outras palavras de Joubert: "No meu entender, as nossas boas qualidades são mais *nós* do que os nossos defeitos. Cada vez que N. não é bom, é porque é *diferente de si mesmo*"[9].

Amar significa, portanto, em consonância com tudo quanto vimos dizendo, conhecer a fundo o que o ser amado é no presente e o que está chamado a ser, o seu ideal futuro. E esse ideal se mostrará

---

(8) Étienne Gilson, *El amor a la sabiduría*, Ayse, Caracas, 1974, pág. 85.

(9) Joseph Joubert, *Pensamientos*, pág. 69, n. 419.

mais concreto e perfilado, mais individual, quanto mais profundo e inteligente for o nosso carinho pela pessoa amada. A propósito da arte e da imagem sensível, Ortega comenta algo que se aplica inteiramente a todo o ato de amor e aos seus contornos mais eminentemente espirituais:

> Cada fisionomia — escreve — suscita como em mística fosforescência o seu ideal próprio, único, exclusivo. Quando Rafael afirma pintar, não o que vê, mas *"una certa idea che mi viene in mente"*, não se entenda a ideia platônica que exclui a diversidade inesgotável e multiforme do real. Não; cada pessoa traz ao nascer o seu ideal intransferível. Quantas vezes nos surpreendemos ansiando que o nosso próximo faça isto ou aquilo porque vemos com estranha evidência que assim completaria a sua personalidade![10]

---

(10) José Ortega y Gasset, "Estética en el tranvía", em *El espectador*, I.

Tudo isto não são teorias mais ou menos sugestivas, atraentes ou utópicas, mas verdades fecundas, carregadas de uma infinidade de repercussões práticas, vitais. Apontarei uma só, aplicável a todos os que, de uma forma ou de outra, temos a função de educar: quando não somos capazes de descobrir os caminhos pelos quais dirigir aqueles que estão aos nossos cuidados, ou quando os defeitos destes parecem ultrapassar as suas qualidades e nos impedem de reconhecer a amável realidade destas últimas, nem o diagnóstico nem a terapia são excessivamente complicados. No fundo, costuma haver uma falta de amor autêntico, e o tratamento adequado consistirá em aumentarmos nós o nosso carinho e em pô-lo em prática mais eficazmente.

Pode haver, sem dúvida, especialmente em determinadas ocasiões, necessidade de saber um pouco de pedagogia ou psicologia. Mas o que importa sobretudo é aumentar a profundidade e a consistência do nosso amor, torná-lo mais profundo, mais desprendido e indiscutível — por exemplo, vencendo a nossa irritação inicial diante de uma ou várias ações condenáveis, pois sem o pretendermos esse nervosismo distorce-nos a percepção. Como o amor amplia o alcance do conhecimento, estaremos então em condições de "ver" aquilo de que o educando necessita. E este, por sua vez, sentir-se-á impelido a avançar no caminho da sua própria melhora.

3. As amáveis exigências do carinho

a) Para avivar o processo de melhora

É verdade que o amor não só descobre a futura perfeição da pessoa que estimamos, mas, em sentido estrito, exige-a, reivindica-a. O amor — respeitando sempre a liberdade alheia — obriga os outros a aperfeiçoar-se, mas obriga-os amavelmente.

Por isso, quando o processo formativo parece deter-se, a renovação da intenção e dos brios amorosos não só consegue descortinar os caminhos adequados para o crescimento do ser amado, mas impele-o a dar os passos imprescindíveis nessa direção.

Não são necessários meios extraordinários; na realidade, basta amar melhor, de maneira mais gratuita e desprendida, com mais empenho. O bom amor — o dos cônjuges bem casados, por exemplo — consegue tornar o outro melhor apenas pela força do afeto, quase sem necessidade de palavras. É o próprio vigor do amor que incita a pessoa amada a progredir.

Por quê? Antes de mais nada, porque a pessoa que se descobre amada vai-se vendo menos indigna do amor que lhe é consagrado gratuitamente à medida que se vai corrigindo.

Além disso, e sobretudo, porque a nossa afeição lhe põe diante dos olhos, silenciosamente, sem necessidade de proclamá-lo aos gritos, o seu próprio ideal. Como apontávamos, quando amamos de verdade, não amamos tanto aquilo que a pessoa é como esse grau de plenitude final — o "projeto perfectivo futuro", nas palavras de Max

Scheler — que descobrimos graças ao carinho. Amamos os nossos amigos, o nosso cônjuge, os nossos filhos sem impaciências, sem pedagogismos inoportunos, em toda essa apoteose que o grandioso desenvolvimento do próprio ser deles está chamado a alcançar. E — como já dizia Goethe —, ao desejarmos que sejam melhores do que são atualmente, alentamo-los a avançar no caminho da sua própria superação.

Graças ao carinho que lhe temos, aquele a quem pretendemos aperfeiçoar obterá o que por si só dificilmente conseguiria. Em palavras de Jean Guitton:

> Assim, o que o ideal moral nos obriga a realizar, a saber, esse "segundo ser" superior a nós mesmos que é o nosso modelo, o amor permite-nos atingi-lo de bom grado, de muito bom grado [...]. É tão difícil atingirmos por nós mesmos um eu que está acima de nós, como é fácil identificarmo-nos com esse modelo quando nos é proposto pelo ser que nos ama.

Nos dois casos, há uma espécie de sonho, uma vez que se propõe uma imagem de algo ainda inexistente. Mas, quando essa imagem procede do amor do outro [por nós], tem uma potência criadora. Por isso, cada um de nós atua, realiza e até existe na proporção daquilo de que nos considera capazes aquele que nos ama. O segredo da educação é imaginar cada pessoa um pouco melhor do que é na realidade.

Em consequência, que sou senão aquilo que esperam de mim os que me amam? Quando a consciência se fecha sobre si mesma, resseca-se e atormenta-se; quando se abre ao amor, liberta-se das suas cadeias interiores. Mas a consciência só se abre quando acolhe o amor; assim, no círculo do amor, a resposta vai mais longe que o pedido, e o dom que se recebe, mais longe que o dom que se faz[11].

---

(11) Jean Guitton, *Ensayo sobre el amor humano*, pág. 75.

Em resumo, a resposta amorosa ao amor que concedemos a alguém é, inevitavelmente, uma melhora do ser do amado. Como queremos que seja bom, perfeito, ativamos o processo do seu aperfeiçoamento pessoal, avivado pela energia inigualável que o nosso carinho lhe transmite. Philine, a namorada de Amiel, expressava-o com magnífica intuição feminina na carta em que respondia provavelmente a uma pequena censura, também epistolar, do namorado:

As minhas desigualdades hão de desaparecer quando estiver ao teu lado para sempre. Contigo, melhorarei, poderei aperfeiçoar-me sem limites; porque ao teu lado a saciedade e a desunião serão inconcebíveis. Não saberás tudo o que valho enquanto eu não puder ser, junto de ti, tudo o que sou[12].

---

(12) Gregorio Marañón, *Amiel*, Espasa-Calpe, Madri, 11ª ed., 1967, pág. 134.

b) Manifestações muito concretas

As consequências do que vimos dizendo nestas últimas páginas são também abundantes. Destaquemos algumas delas:

— A primeira é que deveríamos *sentir-nos indignos* do amor que nos é oferecido, por exemplo, na vida conjugal. Tenho que reconhecer que uma das coisas que mais me emocionaram ao longo da minha experiência como marido e na convivência com outros casais foi que muitas vezes, e não só no começo da vida em comum, um dos esposos dizia ao outro: "Eu amo você com loucura, incondicionalmente, e, ao olhar para dentro de mim mesmo, não compreendo como é possível que você me ame"; e a resposta do cônjuge consistia em virar a oração ao avesso: "Não, sou eu quem está apaixonado por você, e, conhecendo-me, é-me impossível acreditar que me tenha escolhido para ser seu esposo ou esposa".

Alguns considerarão tudo isto romantismo barato; era o que proclamava, não há muito tempo, ao final de uma conferência que dei sobre o tema que nos ocupa, uma pessoa que interveio dizendo: "Sei muito bem as qualidades que tenho, e que fizeram a minha mulher enamorar-se de mim!" Confesso que essa intervenção — na qual eu era acusado de sentimentalismo e de ser mais meloso que o próprio Bécquer — me causou uma pena enorme. Tive que contar até vinte, porque a alma e a língua me pediam que admoestasse ali mesmo o inoportuno com a expressão "Infeliz!" E isso não em tom de recriminação, ou muito menos de ofensa, mas porque o pobre homem era incapaz de perceber aquilo que há de mais gratificante no amor: justamente a nítida sensação de que não o merecemos!

Como afirma Étienne Rey, "para saborear plenamente a felicidade, não há nada como sentir-se indigno dela". E Marta Brancatisano: "Ser amados quando somos os heróis ou os primeiros da classe não chega a dar-nos grande satisfação; mas ser amados quando somos e nos comportamos como uns vermes... ah, isso sim comove as entranhas do mundo, provoca um assombro capaz de dar nova vida a quem recebe um amor assim"[13], injustificado, gratuito.

No amor conjugal, tudo é gratuito. Não há dúvida de que qualquer pessoa merece ser amada pela sua simples condição de pessoa (também gratuita, fruto da liberalidade criadora); mas que alguém faça de nós o objeto exclusivo dos seus amores, ou que se obrigue mediante uma promessa irrevogável a entregar-se a nós pela vida inteira e lute dia a dia por cumpri-la, nos momentos de alta e nos de bancarrota, isso ninguém o pode exigir, pois é o resultado de uma decisão completamente livre, que pede toda a nossa gratidão.

Embora sejam muitas as razões desta espécie de contradição que acabo de expor — reconhecermo-nos reciprocamente indignos do amor que nos é outorgado —,

---

(13) Marta Brancatisano, *La gran aventura*, Grijalbo, Barcelona, 2000, pág. 68.

uma delas consiste muito concretamente em que, como vimos, aquele que ama não só percebe as perfeições atuais do ser amado, mas toda a plenitude que ele está destinado a encarnar. Dentro de qualquer casamento autêntico, cada um dos cônjuges ama o outro mais do que a si mesmo, e por isso também descobre nele uma perfeição muito maior do que o outro seria capaz de enxergar por mera introspecção; e assim, maravilhado com essa perfeição potencial, faz dele o objeto do seu amor.

— Outro dos efeitos inevitáveis do amor, ao qual já aludimos, é que, mal alguém se enamora e descobre que é correspondido, independentemente da sua idade, condição social, estado de saúde, etc., formula um *propósito de melhora* para fazer-se menos indigno do amor de que é objeto. Por isso, quando escutamos a respeito de alguma pessoa a triste afirmação de que "não foi ninguém na vida", podemos estar certos de que ninguém a amou de verdade.

Este é, sem dúvida, o sentido desta sentença de Gautier: "Nada contribui tanto para tornar mau um homem como não ter sido amado". E, provavelmente, também o desta afirmação de Niemeyer: "O amor gera amor, e nem uma natureza rude consegue resistir sempre à sua força. Se muitíssimos homens tivessem recebido mais amor na sua infância e juventude, ter-se-iam humanizado em maior grau".

Em consonância com estas últimas palavras, conseguir uma vida realizada é muitas vezes fruto da consciência de sermos queridos e da confiança inquebrantável que quem nos ama — uma mãe, por exemplo — deposita em nós... e assim faz surgir em nós. (Antonio Millán-Puelles, um dos mais eminentes filósofos contemporâneos, repetia na intimidade, com convicta gratidão, que, se tinha chegado a ser alguma coisa na vida, devia-o em boa medida ao carinho da sua mãe, que o incentivava cheia de confiança: "Meu filho, você será alguém na vida").

— Por fim, poderíamos mencionar o tipo *egoísta*. Costuma-se considerar, a título de definição desta atitude, que o homem enclausurado em si mesmo se nega mais ou menos conscientemente a amar os outros, mas que em muitas ocasiões isso talvez seja consequência de uma educação defeituosa ou de um temperamento que não foi corrigido.

Muito mais revelador de um verdadeiro egoísmo, porém, é o fato de que a pessoa egoísta rejeita *ser amada*. Como percebe claramente que o carinho que receberia a obrigaria a esforçar-se por melhorar, saindo de si e amando por sua vez, evita todo o compromisso, uma vez que não está disposta a suportar os sacrifícios — esses sacrifícios tão saborosos para quem ama de verdade — que lhe imporia a atitude de "amar porque é amada".

c) O esforço da própria entrega

Confirmação no ser, exigência de plenitude, descoberta de uma perfeição que a própria pessoa não percebe em si, desejos impetuosos de melhora... Tudo isso foi expresso com perfeição pelo poeta, naquele que considero o mais iluminado cântico de amor em língua castelhana de todo o século XX, *La voz a ti debida*, de Pedro Salinas:

Perdoa-me por ir assim, procurando-te
tão desajeitadamente, dentro
de ti.
Perdoa-me a dor, de vez em quando.
É que quero tirar
de ti o teu melhor tu.
Esse que não viste em ti e que eu,
nadador por tuas profundezas, vejo, preciosíssimo.
E tomá-lo
e segurá-lo ao alto
como a árvore retém a última luz
que encontrou no sol.
E então tu
irias em sua busca, para o alto.
Para chegar a ele,
subida sobre ti, como te quero,

tocando já o teu passado
apenas com as pontas rosadas dos teus
pés,
o corpo todo em tensão, já subindo
de ti para ti mesma.
E que ao meu amor então responda
a nova criatura que tu eras[14].

O verso final, com o verbo no passado, representa o cume desta inspiradíssima composição: Salinas afirma aqui que o desenvolvimento pessoal de todo o ser humano é justamente isso, des-envolvimento[15]; e que o conjunto da sua plenitude já se encontrava de algum modo contido no ser que Deus lhe deu no próprio momento da sua criação. A nossa tarefa é desenvolver essa riqueza até alcançarmos, no final da vida, aquilo que até certo ponto já éramos desde o começo: a beleza está próxima da

---

(14) Pedro Salinas, *La voz a ti debida*, Clásicos Castalia, Madri, 1974, 2ª ed., págs. 93-94.

(15) Etimologicamente, significa tirar do seu envoltório alguma coisa que já está lá, por exemplo o presente do embrulho sem valor que o escondia (N. do T.).

origem, afirmava Goethe. E, para o conseguirmos, precisamos do amor dos outros.

Gregorio Marañón, numa passagem do estudo sobre Amiel que citei acima, exprime essa verdade com insuperável precisão..., desde que entendamos que aquilo que ele afirma da mulher se aplica com idêntico vigor ao homem:

> Amiel ignorava que a mulher ideal não existe quase nunca em estado de perfeição: porque, via de regra, não é apenas obra do acaso, mas em grande parte obra da criação própria [...]. O ideal feminino, como todos os ideais, nunca nos é dado feito; é preciso construí-lo; com o barro adequado, é claro, mas o essencial é construí-lo com o amor e o sacrifício de todos os dias, expondo por ele, num jogo arriscado de cara ou coroa, o porvir do próprio coração[16].

(16) Gregorio Marañón, *Amiel*, pág. 112.

Uma vez chegados a este ponto, penso que vale a pena insistir sobre um aspecto. Parece-me indubitável que o amor, esse querer que alguém seja e alcance a riqueza definitiva encerrada no seu ser, se configura como o motor de toda a educação, de qualquer tentativa de ajudar os outros. Mas quereria acrescentar que, justamente por se tratar de pessoas, cada uma delas é irrepetível, e a sua perfeição — por mais que apresente certa analogia com a dos outros — é também estritamente singular e irrepetível. Por isso, o que sempre devemos procurar por meio do mais ardente amor é que o ser a quem amamos atinja o seu próprio apogeu: o *seu*, realmente distinto do de qualquer outro ser humano que exista, tenha existido ou venha a existir..., e também do *nosso*.

Recordemos que Aristóteles definia o amor como "querer o bem do outro enquanto outro". E evoquemos também as palavras dirigidas por Miguel de Unamuno a um escritor novato, que se queixava ao mestre de que a sua produção não era suficientemente reconhecida. Dom Miguel respondeu-lhe: "Não se julgue nem mais, nem menos, nem igual a qualquer outro, pois nós os homens não somos quantidades. Cada um é único e insubstituível; ponha o seu principal empenho em sê-lo escrupulosamente"[17].

Julián Marías afirma a mesma coisa, embora a partir de uma perspectiva bastante diversa, que sublinha mais as necessidades do amante do que a busca do bem da pessoa amada. No entanto, se corrigirmos levemente o ponto de mira, essa passagem do filósofo pode constituir um resumo plenamente aproveitável daquilo que vimos dizendo:

> Ao falar da "insaciabilidade" do amor, quero significar que o amor não se contenta com nenhuma abstração, que não lhe basta este ou aquele aspecto da pessoa amada, mas que aspira

---

(17) Miguel de Unamuno, "¡Adentro!", en *Obras selectas*, Plenitud, Madri, 5ª ed., 1965, pág. 186.

a ela na sua integridade passada, presente e futura, corporal e anímica, sentimental e intelectual, neste mundo e no outro.

Na sua realidade temporal, ao longo da vida — não percamos de vista que a vida humana é um transcurso ou decurso argumental, em que o tempo vivido se vai sedimentando e permite, a partir desse sedimento, antecipar até certo ponto o futuro pré-vivido —, o amor consiste muito principalmente em *deixar ser*. Esta é a raiz do seu imprescindível *respeito* pela pessoa amada, respeito que é compatível com essa avidez que chega à insaciabilidade [...]. Quem ama precisa tanto da pessoa amada que *tem* de deixá-la ser o que é, o que precisa continuar a ser.

A única coisa em que pode agir ativamente sobre ela é estimular o nascimento do mais próprio e do melhor que há nela, ajudá-la a descobrir-se, a ver-se como num espelho que aquele que a vê lhe estende. Quem quer *transformar* a pessoa amada — erro tão frequente — não a ama de verdade; a atitude de que venho falando leva a querer que ela seja na maior medida possível *ela mesma*, e por isso limita-se a tentar despojá-la de aderências postiças para deixar a *sua* realidade livre, não para trocá-la pela própria ou por aquela que se prefere pessoalmente[18].

E com isto podemos passar ao último ponto.

---

(18) Julián Marías, *La educación sentimental*, pág. 282.

IV. ENTREGA

1. *Entrega pessoal e gratuita*

a) *"Tu, só tu"*

A entrega é a culminação mais autêntica do amor. Costumo formular assim esta afirmação: com a agudeza do entendimento aperfeiçoada pelo carinho, a pessoa que ama descobre toda a maravilha que o ser amado encerra no seu interior e a aventura de crescimento a que está destinado; e então, normalmente sem palavras, mas com a própria vida, não pode deixar de dizer-lhe: "Vale a pena que eu me ponha inteiramente ao seu serviço para que você alcance esse prodígio de perfeição e beleza que está chamado a ser e que eu, pela força do meu amor, descobri em você!"

É então que começa a aventura: quando se começa a conjugar a vida na segunda pessoa do singular e na primeira do plural (*tu* e *nós*); quando se começa a ver, não só com os olhos próprios, mas também e sobretudo com os olhos e o entendimento do amado; quando se deseja e se anseia através do seu coração.

Muitíssimos são os exemplos em que tudo isto se manifesta com simplicidade, sem espaventos, demonstrando em qualquer caso que a entrega representa a medida do amor fidedigno: sem ir mais longe, na existência cotidiana de uma boa família, na qual cada um, conforme amadurece, tende a subordinar os seus próprios interesses aos desejos dos outros; e também na vida mais ou menos excepcional das pessoas dedicadas por vocação ao serviço dos outros.

A pergunta que surge então, quase sem que o pretendamos, é a seguinte: O que é que os que se amam desejam intercambiar? O que é que o apaixonado espera oferecer ao objeto da sua devoção?

Poderíamos encontrar a resposta, mais uma vez, nuns versos de Salinas, que constituem ao mesmo tempo toda uma síntese da antropologia do dom e, através dele, da condição de pessoa: pois esta, como veremos, está natural e intimamente orientada para o dom, a dádiva, a entrega de si.

> *Presente, dom, entrega?*
> *Símbolo puro, signo*
> *de que me quero dar.*
> *Que dor, separar-me*
> *daquilo que te entrego*
> *e que te pertence,*
> *já sem outro destino*
> *que não ser teu, de ti,*
> *enquanto eu permaneço*
> *na outra margem, só,*
> *ainda tão meu!*
> *Como quereria ser*
> *isso que te dou,*
> *e não aquele que to dá*[1].

---

(1) Pedro Salinas, *La voz a ti debida*, pág. 77.

b) O sentido do dom

Por que uma antropologia do dom, do presente? Preferirira limitar-me a sugerir apenas algumas ideias. Embora todos tenhamos consciência da nossa própria pequenez e até da ocasional mesquinharia de algumas das nossas atuações, a índole pessoal de cada indivíduo eleva-o a uma altura tão prodigiosa, tão fora de qualquer parâmetro, que faz com que também para ele seja válido, plenamente efetivo, o seguinte aforismo: "É tanta a perfeição radical da pessoa, que nenhum presente é digno dela se for menor que... outra pessoa! Qualquer outra realidade distinta que lhe seja oferecida fica aquém, é insuficiente, permanece muito abaixo daquilo que a densidade pessoal reclama".

Neste sentido, Emerson afirmava: "Os anéis e as joias não são presentes, mas pedidos de desculpas. O único presente é um pedaço de você mesmo": é *você mesmo*, *todo o seu ser*, acrescentaria eu, imitando São João da Cruz:

Ali me deu o seu peito,
ali me ensinou uma ciência muito sa-
borosa,
e eu lhe dei de fato
a mim mesmo, sem faltar coisa alguma;
ali lhe prometi ser sua esposa[2].

E, na verdade, um presente realiza a sua função na exata medida em que nele se encontra comprometida — e como que encarnada ou resumida — a pessoa que o dá. As culturas antigas, como por exemplo a grega, sabiam-no muito bem; assim, quando Telêmaco tenta reter Atena, disfarçada de forasteiro, e lhe oferece "um presente, um dom inestimável e belo que será para ti um tesouro de mim, como os que hospedam costumam dar aos seus hóspedes", Atena, "a dos olhos brilhantes", responde-lhe: "Não me detenhas mais, pois já anseio pelo caminho. Entrega-me o presente que o teu coração te inclina a dar-me, para que o leve comigo quando voltar.

_____

(2) São João da Cruz, *Cântico espiritual*.

Escolhe um que seja realmente bom e terás outro igual em recompensa"[3].

Tudo isto, infelizmente, vem sendo abandonado no mundo "civilizado" de hoje. E as grandes lojas — com os seus presentes anônimos já prontos e bem embalados... e com os seus impessoais "cartões de presente" — não ajudam muito a reparar essa perda.

Não obstante, também agora continua a ser verdade que, independentemente do seu valor material, um presente vale o que valer a pessoa que empenhou algo de si nele. O leitor certamente se recordará da memorável cena do filme *Dead Poet's Society* ["A sociedade dos poetas mortos"], em que, despeitado, o coprotagonista lança do alto do pontilhão que liga dois edifícios os materiais de escritório que recebeu dos pais por dois anos seguidos. Estamos diante do exemplo eloquente de um fenômeno que, infelizmente, prolifera

---

(3) Homero, *Odisseia*, I, 311-318.

na nossa cultura: o presente muitas vezes representa — mesmo entre pais e filhos —, não uma manifestação de amor e símbolo de entrega mútua, mas um mero gesto epidérmico movido mais pela rotina do que pelo carinho. Ou então é um meio de aplacarmos a má consciência que talvez tenhamos por termos prestado pouca atenção àqueles a quem deveríamos amar. Ou ainda um meio de "comprar" — e assim "prostituir", com o perdão da palavra — os filhos com quem não queremos gastar o tempo necessário e dos quais desejamos sobretudo, talvez sem o perceber, mimos e agradecimentos periféricos, ou até... que nos deixem em paz.

No extremo contrário, continua sempre a emocionar-nos o embevecimento com que uma mãe recebe quatro traços desajeitados que o filho ou a filha de muito poucos anos lhe oferecem por ocasião do aniversário ou do dia das mães. Bosquejo que nada vale, absolutamente nada..., exceto toda a pessoa da criança, que se empenhou na sua elaboração durante uma, duas ou mais semanas. As mães apreciam efetivamente o valor dessa demonstração de entrega, embora o seu preço comercial seja nulo e menos que nulo.

Alberoni expõe-no também, e com singular concisão: "Na vida cotidiana — afirma — vale o princípio do intercâmbio calculável: se eu lhe der alguma coisa, quero algo em contrapartida, e deve ser do mesmo valor". Entre os que se amam, pelo contrário, "não há nenhuma contabilidade do que dou e do que recebo. Cada qual entrega dádivas ao outro: as coisas que lhe parecem belas, algo que fale de si, que o recorde ao amado. Mas também coisas que agradam ao outro, que o outro mencionou ou recordou. Com frequência, o dom é um ato imprevisto, um gesto espontâneo que simboliza a doação de si, a disponibilidade total. Mas o dom não espera outro dom, não espera uma retribuição. Ao fazermos um dom, as contas equilibram-se imediatamente: basta que o outro o aprecie, que fique contente. A alegria do outro vale mais que qualquer objeto. Desta forma, os dois presenteiam-se mutuamente, mas sem que haja intercâmbio".

Pelo contrário, "se se desencadeia uma contabilidade dos dons, um «eu lhe dei, mas você não me deu», a paixão — o amor — está a ponto de terminar. E se cada um *exige* essa contabilidade do dar e do receber, então acabou por completo"[4]... ou talvez nunca tenha chegado a nascer.

2. A inclinação pessoal a dar-se

a) O homem, um ser para o amor (e para a felicidade, como consequência)

Mas continuemos com o nosso tema. A partir do momento em que percebemos com clareza que a entrega constitui a coroação e o compêndio do amor, torna-se evidente que falar de amor entre animais é apenas uma pobre metáfora.

O animal não pode amar porque não pode entregar-se; e não é capaz de fazê-lo,

---

(4) Francesco Alberoni, *Enamoramiento y amor*, 6ª ed., Gedisa, Madri, 1996, pág. 61.

em última análise, porque não se pertence a si mesmo; o ser das realidades infra-humanas reduz-se a uma simples porção ou fragmento do conjunto do cosmos material, uma espécie de "empréstimo ecológico"; como não possuem propriamente o seu ser, não podem oferecê-lo a ninguém, e portanto são incapazes de amar, se entendermos este termo no seu sentido mais próprio e pleno.

Já a situação do homem é muito diferente. O homem é capaz de amar porque pode entregar-se. Como Deus lhe concedeu o ser a título de "propriedade privada" — inalienável e inamissível —, no momento sublime em que se enamora pode dispor desse ser com um ato supremo de generosidade para oferecê-lo efetivamente à pessoa que ama (pela vida inteira e em todas as suas dimensões, se se trata do amor conjugal).

Ora bem, a isto que bem podemos considerar uma condição constitutiva da entrega, acrescenta-se uma espécie de requisito existencial ou vital, mas corriqueiro;

e é que, no acontecer diário, esse homem ou essa mulher devem ser também *donos de si*, isto é, a sua vontade deve imperar sobre os seus instintos (ou tendências) e dominá-los, moderando-os ou avivando-os conforme o caso. E devem sê-lo sempre, não só na vida sexual, mas em todas e cada uma das circunstâncias da sua existência: quem não é senhor de si mesmo, aquele cujo humor e estado de ânimo dependem de como se sente fisicamente, do clima, da ausência de contrariedades, do êxito dos planos estabelecidos para os fins de semana..., dificilmente poderá amar de forma plena, uma vez que, não se possuindo, será incapaz de entregar-se eficaz e realmente. Dessa forma, só conseguirá frustrar a sua existência.

O homem e a mulher estão destinados ao amor, e por isso aspiram naturalmente a dar-se. Para quê? Para oferecerem ao outro o próprio ser pessoal, que é um grande bem, o maior que temos... e o mais perfeito que há em toda a natureza (*perfectissimum in tota natura*, segundo a expressão já clássica). O grande paradoxo é que só assim, prodigalizando-se, esquecendo-se de si, des-vivendo-se, o homem alcança a sua plenitude e felicidade vitais. O homem só é radicalmente homem, pessoa, se e na medida em que procura o bem do outro enquanto outro.

Dar-se, entregar-se, é constitutivo do sujeito humano, é aquilo que lhe permite ser uma pessoa íntegra, completa. Recorda-o a *Gaudium et spes*, numa passagem comentada com frequência por João Paulo II: "O homem, única criatura sobre a terra que Deus quis por si mesma, não se pode encontrar plenamente a não ser no sincero dom de si mesmo"[5].

b) A fecundidade característica da pessoa

Qual a razão dessa exigência? Noutros lugares, ao falar da felicidade, expliquei-o

---

(5) Concílio Vaticano II, *Gaudium et Spes*. Constituição Pastoral sobre a Igreja no mundo de hoje, 07.12.1965, n. 24.

com mais extensão. Aqui bastará responder: o motivo é a sua grandeza, a sua enorme riqueza ou densidade ontológica. Ao contrário de todos os seres infra-humanos, que por causa da sua pobreza de ser buscam exclusivamente a própria perfeição, a pessoa — de maneira primordial as Três Pessoas divinas, mas também as pessoas criadas —, em virtude do seu grau de ser superior, parece "ter realidade de sobra", e por isso encontra-se intimamente inclinada a dar-se, procurando mediante o amor o aperfeiçoamento alheio.

Se estamos inclinados a dar-nos, também o estamos a receber o outro, já desde a infância. Sugere-o de maneira um tanto indireta, mas com fina intuição, Mercedes Arzú de Wilson:

> A criança indefesa — escreve —, ao menos nas primeiras etapas do seu desenvolvimento, parece ser apenas um conjunto de necessidades. Mas é mais que isso; é um ser espiritual. — Portanto, continua —, o que mais tarde

se revelará como decisivo é se a criança é amada e se o cuidado em satisfazer as suas necessidades vai acompanhado de amor. Com efeito, é mais importante amar a criança do que satisfazer-lhe um determinado número de necessidades objetivas[6].

O que a condição pessoal do ser humano exige, desde os primeiríssimos vagidos, não é a satisfação egotista das suas carências, mas a abertura infinita ao dom recíproco.

Entende-se assim o grito do poeta: "Como quereria ser isso que te dou, e não aquele que to dá!" E compreende-se também que essas palavras exprimam um anelo nostálgico e sempre insatisfeito ("Como quereria!"). Com efeito, por razões evidentes, o homem e a mulher, por mais que se empenhem, não podem entregar de uma

---

(6) Mercedes Arzú de Wilson, *Amor y familia. Guía práctica de educación y sexualidad*, Palabra, Madri, 1998, pág. 123.

vez, definitivamente e por completo, todo o seu ser. Mesmo quando assumem um compromisso de amor integral e para sempre, que no caso do amor entre os cônjuges abrange também a dimensão sexual, continuam a ser, para dizê-lo com o poeta, "demasiado seus".

A lírica exprime-o com elegância:

Que pena sermos dois, amar-nos
e estar cheios de delírio.

Que pena sermos dois, que pena
pensar que são dois caminhos...

Ai, como é duro pensar
que dois nunca são o mesmo,
que dois ventos diferentes
andam por caminhos diversos[7].

Doação mútua, pois, mas implacavelmente limitada. É por isso que, além

---

(7) Rafael Morales, "Pena", em *Obra poética*, pág. 65.

de acrescentar ao compromisso a fidelidade, a entrega do ser entre os homens deva traduzir-se no oferecimento de outras realidades que de algum modo representem esse ser íntimo e constitutivo. De todas essas realidades, a mais comum e mais significativa é o oferecimento (nem um pouco alienante) da própria vontade, da capacidade de amar, uma vez que nas mãos da vontade estão as rédeas de todas as nossas faculdades e operações e, desse ponto de vista, de tudo o que somos.

Mauro Leonardi exprime-o talvez com certa imprecisão metafísica, mas com sumo vigor:

> Como se pode amar? A resposta é óbvia: dando a própria vida. Mas se quisermos tornar a pergunta ainda mais precisa e nos perguntarmos: O que é que o homem possui como próprio na vida, e o que significa então "dar a vida"?, a única resposta possível será: entregar a liberdade. Nada

daquilo que o homem é lhe pertence: tudo é um dom de Deus. Só a liberdade lhe pertence *em propriedade*, e isso apenas porque Deus quis criá-lo *livre*, ou seja, dar-lhe *em propriedade* uma liberdade que o mesmo Deus tutela com infinita delicadeza em qualquer instante da vida humana[8].

Também São Josemaría Escrivá, com um claro sabor lírico, afirmou: "Amar é... não albergar senão um único pensamento, viver para a pessoa amada, não se pertencer, estar submetido venturosa e livremente, com a alma e o coração, a uma vontade alheia... e ao mesmo tempo própria"[9]. "Alheia... e ao mesmo tempo própria" porque a identificação entre os seres amados, que constitui de certo modo a essência final do amor, faz com que não seja

---

(8) Mauro Leonardi, "Paura di *servire*, paura di *vivere*", em *Studi Cattolici*, n. 518, abr. 2004, págs. 326-327.

(9) São Josemaría Escrivá, *Sulco*, 2ª ed., Quadrante, São Paulo, 2005, n. 797.

possível distinguir realmente aquilo que corresponde a um e aquilo que corresponde ao outro.

c) A absoluta prioridade do outro

Vamo-nos aproximando do final deste capítulo. Já vimos que, do ponto de vista da sua natureza mais íntima, toda a pessoa está chamada a entregar-se, a tal ponto que, se não o fizer, se frustra no seu próprio ser e se afunda na infelicidade. Mas ainda podemos perguntar-nos: em concreto, na realidade do casamento, por exemplo, quais hão de ser os motivos desse oferecimento de si?

Neste ponto, a famosa meia-laranja do mito platônico[10] não nos tem sido de muita

---

(10) No *Banquete*, o escritor cômico Aristófanes expõe o mito meio burlesco de que, em tempos remotos, os homens teriam sido redondos, com quatro pernas e quatro braços; como tentassem fazer guerra aos deuses, Zeus teria mandado parti-los em dois, e desde então cada metade — o homem e a mulher atuais — andaria à procura do seu complemento. Platão põe esse mito na boca de um personagem

utilidade. Porque é verdade que o homem e a mulher são de certa forma complementares e que o desejo de unir-nos à pessoa que nos aperfeiçoa constitui um dos impulsos para desejar essa entrega. O desejo de complementaridade pertence realmente aos ingredientes do amor. Mas não é nem a sua causa mais alta — embora talvez seja o seu ponto de partida —, nem aquilo que o torna formalmente humano. O que especifica o verdadeiro amor pessoal é, pelo contrário, a procura e a entrega ao outro enquanto outro: aquilo que poderíamos qualificar como o "primado radical do tu".

Conforme explica Carlo Caffarra,

> a pessoa que pretende amar com autenticidade não é aquela que procura o ser amado "porque é útil que você exista para mim", "porque me dá prazer dispor de você para mim",

---

cujas opiniões não endossa plenamente; no entanto, costuma-se citar esta passagem como se fosse o que ele pensava (N. do T.).

ou "porque tenho necessidade de que você exista para satisfazer as minhas carências". Dispõe-se para o amor de verdade quem afirma da pessoa amada: "Que bom que você exista em si e por si mesmo; entrego-me para ajudá-lo a levar à plenitude o melhor de você mesmo", porque o entendimento desse amante percebeu em profundidade o valor intrínseco do outro e a sua vontade se abre para dar-se ao outro na tarefa de aperfeiçoar a realização do bem ou valor intrínseco do amado[11].

Ao contrário de uma opinião bastante generalizada nos nossos dias, e também daquilo que se afirmava em outros tempos, o amor genuíno não tem como ponto de referência o *eu*. Como mostra Cardona, procurar o bem próprio, a autorrealização, manifesta não tanto que a pessoa é

---

(11) Carlo Caffarra, *Sexualidad a la luz de la antropología y de la Biblia*, Rialp, Madri, 1998, pág. 22.

boa, mas que é, por assim dizer, "esperta"... ou "espertinha". O amor verdadeiro, pelo contrário, procura inelutavelmente a perfeição do *tu*, dos outros[12]. Também Juan Bautista Torelló, depois de muitos anos de experiência prática em psiquiatria em Viena, afirma: "A maturidade afetiva depende da capacidade de amar, e o egocentrismo é o que incapacita para o amor, tanto para o amor humano como para o divino. Para amadurecer, é necessário sair do «viver para mim» egótico e atingir um «viver para ti»"[13].

Charles Moeller diz o mesmo com graça e uma certa índole cordial: "No amor autêntico, há um sair de si rumo a um «país novo que Deus nos mostrará», que fará de nós verdadeiramente uns forasteiros, que se apoderará de nós por completo e nos lançará a essa grande aventura

---

(12) Cf. Carlos Cardona, *Ética del quehacer educativo*, Rialp, Madri, 1990, pág. 96.

(13) Juan Bautista Torelló, cit. por Carlos Nannei, *El amor no es una palabra equívoca*, sem ref., págs. 11-12.

que consiste em fazer que o ser a quem amamos seja verdadeiramente ele mesmo, preservado tal como é, ou seja, distinto de nós, incomunicável. Diante desse ser, não podemos senão estar a seu serviço, desaparecermos nós e dizer: «Eu, não: você», nas palavras de Dimitriu no romance *Incógnito*"[14].

3. Fecundidade pela vida toda

Tudo o que vimos até agora poderia resumir-se em duas ideias, que ilustrarei com outras tantas citações:

— A primeira é que o amor, todo o amor, cada um à sua maneira, é sempre fecundo: origina realidade, perfeição, desenvolvimento, plenitude. Daí a definição platônica, recordada por Ortega: "Amor é afã de gerar na beleza, *tíktein en tò kaló* — dizia Platão. Gerar, criar futuro.

---

(14) Charles Moeller, *Literatura del siglo XX y cristianismo. V: Amores humanos*, Gredos, Madri, 2ª ed., pág. 30.

Beleza, vida ótima. O amor implica uma íntima adesão a certo tipo de vida humana que nos parece o melhor e que encontramos pré-formado, insinuado em outro ser"[15].

— A segunda, que essa fecundidade se alcança, sempre, através da entrega e disponibilidade próprias. Neste sentido, a afirmação de Philine mostra-se novamente eficacíssima: "Não saberás tudo o que valho enquanto eu não puder ser, junto de ti, tudo o que sou".

Os educadores profissionais, os amigos, os pais, os namorados... deveriam refletir sobre esta ideia, talvez com a ajuda do conhecidíssimo texto de Santo Agostinho: *"Dilige, et quod vis fac...*: ama e faz o que quiseres; se te calares, calarás com amor; se gritares, gritarás com amor; se corrigires, corrigirás com amor; se perdoares, perdoarás com amor. Como a raiz

---

(15) José Ortega y Gasset, *Estudios sobre el amor*, pág. 76.

do amor está dentro de ti, nada senão bem poderá sair de tal raiz".

Trata-se, pois, em todos os casos, não apenas nem fundamentalmente de *fazer*, como sugere a toda a hora o ativismo contemporâneo, mas antes e sobretudo de *amar*, mesmo sabendo que, sem obras — e entre estas as da inteligência que inquire e por fim compreende —, tal carinho não é completo. Assim se poderiam evitar muitas fricções interiores, fruto de falsas alternativas, como entre trabalhar em excesso fora do lar, empenhando-se em "produzir" no âmbito social, diante dos amigos e conhecidos..., e dedicar uma atenção preferencial ao cônjuge e aos filhos. Quando *todas* as ações são fruto do amor, a aparente incompatibilidade entre *fazer* e *amar* desaparece, não só na teoria, mas na prática, que talvez necessite ser temperada com certa dose de esperteza.

Por último, seria oportuno recordar que o aperfeiçoamento obtido em virtude do amor não é coisa de um instante, nem mesmo de anos, mas tarefa de toda uma vida. Daí, entre outros motivos, a função inigualável da família. Porque, como nos recorda Mazzini, "a família possui em si mesma um dom precioso, muito raro fora dela: a persistência. Os afetos entretecem--se lentamente, despercebidos; mas, te-nazes e duradouros, entrelaçam-se dia a dia como a hera em torno da árvore; identificam-se por fim, com muita frequên-cia, com a nossa própria vida. Muitas vezes, nem sequer somos capazes de discerni-los, já que fazem parte de nós mesmos; mas, quando os perdemos, é como se nos faltas-se um não sei quê de íntimo, de necessário para podermos viver".

Com efeito, para referir-me a um só caso, a atitude de um ancião ou uma an-ciã diante do leito de morte do cônjuge, o beijo ardente com que dele se despede, pode constituir uma ajuda definitiva para a passagem deste mundo para a vida eterna. É preciso armar-se de paciência, portanto, e — o que é muito mais difícil nestes tem-pos, conforme comentava com uma ponta de ironia Carlos Cardona — esquecer-se da velocidade.

Considere uma coisa — escreve novamente Thibon —: quanto mais elevado estiver um ato na hierarquia dos valores, menos interessante será que se faça rapidamente. [...] Que um namorado chegue depressa a um encontro é algo excelente; mas, se começar a inquietar-se pela hora assim que chega aos pés da sua amada, a plenitude do intercâmbio estará muito comprometida. "O amor e a precipitação não fazem um bom par", dizia Milosz. Tudo o que, no tempo, se aproxima do eterno exige longos prazos de amadurecimento e espera[16].

---

(16) Gustave Thibon, *Entre el amor y la muerte*, Rialp, Madri, 1977, págs. 48-49.

Direção geral
Renata Ferlin Sugai

Direção editorial
Hugo Langone

Produção editorial
Juliana Amato
Gabriela Haeitmann
Ronaldo Vasconcelos
Roberto Martins

Capa
Provazi Design

Diagramação
Sérgio Ramalho

ESTE LIVRO ACABOU DE SE IMPRIMIR
A 29 DE ABRIL DE 2024,
EM PAPEL OFFSET 75 g/m^2.